教育教学改革与创新方法研究

刘晓领　王　飞◎著

吉林出版集团股份有限公司

图书在版编目（CIP）数据

教育教学改革与创新方法研究 / 刘晓领，王飞著
. -- 长春：吉林出版集团股份有限公司，2023.8
　ISBN 978-7-5731-4232-0

　Ⅰ．①教… Ⅱ．①刘… ②王… Ⅲ．①高等职业教育
—教育改革—研究—中国②高等职业教育—教学改革—研
究—中国 Ⅳ．①G718.5

中国国家版本馆 CIP 数据核字（2023）第 176477 号

教育教学改革与创新方法研究

JIAOYU JIAOXUE GAIGE YU CHUANGXIN FANGFA YANJIU

著　　者	刘晓领　王　飞
出版策划	崔文辉
责任编辑	侯　帅
封面设计	文　一
出　　版	吉林出版集团股份有限公司
	（长春市福祉大路 5788 号，邮政编码：130118）
发　　行	吉林出版集团译文图书经营有限公司
	（http://shop34896900.taobao.com）
电　　话	总编办：0431-81629909　营销部：0431-81629880/81629900
印　　刷	廊坊市广阳区九洲印刷厂
开　　本	710mm×1000mm　　1/16
字　　数	220 千字
印　　张	13
版　　次	2023 年 8 月第 1 版
印　　次	2023 年 8 月第 1 次印刷
书　　号	ISBN 978-7-5731-4232-0
定　　价	78.00 元

如发现印装质量问题，影响阅读，请与印刷厂联系调换。电话：0316-2803040

前　言

知识作为无形的生产力为社会创造了极大的财富，也促进了人类社会的进一步发展。而"人"作为社会的主体，其个人的发展状况在受到社会发展情况制约的同时也在反作用于社会的发展。所以要想保证社会处于不断进步的状态，就需要通过教育培养出具有高素质的创新型人才，为社会创造出更大价值。而要想达成这一目的，高校在进行教育教学的过程中就要做出调整。本书针对我国高校教育教学的现状，对创新型教学理念做了研究，对如何改善教学方法进行了简单论述。

在落后的教学模式下，教师扮演了教书匠的角色，对于学生的学习只采取灌输知识这一种方式，很少教给学生探求知识的方法，对于学生探求知识的能力培养得更少，他们的目的就是教书，将现有的知识填鸭式地教给学生，很少把着眼点放在育人方面。此时的"教书"和"育人"是相互独立的。随着信息技术的发展，知识的更新速度急剧加快，学生可接触的知识也在日益增多。此时，如果教师不进行知识的更新，就将无法胜任教师工作。终身学习的理念就是 21 世纪的生存理念，教育要跟上时代，教师的业务能力也要面向未来。教育教学改革对传统的教书匠的角色提出了挑战，迫使教师向终身学习者这一角色转变。高校教师应当努力学习，不断提高自己的综合素质，拓宽知识面，深入研究问题，努力做好自己的本职工作。

近年来，各高校都在实施教育教学改革，在改革的过程中，教师要摆正自己的位置。各高校应树立正确的观念意识，开展教育培训工作，加大教育教学改革的力度，通过合理的教育教学改革方式促使学生具备创新素养。

教师也要做学生锤炼品格的引路人，做学生学习知识的引路人，为教育工作更好地服务。

目　录

第一章 高校教育教学概述

高校教育教学是高校教育实现教育目的、培养专门人才、体现社会价值的各种具体活动表现方式之一，是高校教育最主要的组织活动。高校教育的其他活动都是围绕教学而展开、为教学服务的。任何教学活动都是一个历时性的过程，是一个目标差异大、参与要素多、各种影响复杂的教育实践体系。这个教育实践体系的各个构成要素经过多种形式组合、为实现各个目标而发挥作用，不同要素组合在不同环境下运行又使高校教育教学形式丰富多彩。

第一节 高校教育教学本质及其特征

一、高校教育教学的作用与功能

高校教育教学作用与功能就是教学活动的基本目标与任务，它主要源于三个方面：教师的需求目标、学生的需求目标、社会的需求目标。在高校教育逐步发展、受教育人群日益扩大的形势下，社会本位的教学功能不断弱化，"以人为本"的教育思想越来越占重要地位。所以，教学活动的目标必须同时考虑教学活动主体，即教师和学生的个人需求，教师通过教学传播知识，促进自我的进一步提高，同时引导学生获得专业技能，从而获得满足与成就感。学生通过对社会愿望、个人兴趣以及基本能力的综合考虑，主动接受高校教育、参与教学活动，以达到身心和智力的全面发展。社会对教学活动的需求可能是具体而分层次的，教师和学生对教学活动的需求可能是抽象而含糊的。对这种矛盾冲突的认识和化解有利于教学方法创新。

二、高校教育教学的主体与环境

高校教育教学的主体与环境是教学活动赖以开展的基本条件。教学主体就是有目的、有意识地进行教学实践活动和认识活动，并在教学活动中确立和体现主体地位的现实的人。这里的人包括三层含义：现实的人、动态发展的人、个体与群体相统一的人。因此，学生也是教学活动的主体之一。教学环境是相对于教学主体而言的，它包括教学活动中除主体之外的一切物质的、时空的、媒介的关系等方面，尽管环境在教学活动中处于从属地位，但对其实现教学目标有极其重要的影响。

三、高校教育教学的形式与内容

高校教育教学的形式与内容往往表现得最为具体、生动，既反映内容与形式的对应关系，也反映形式与环境的协调关系，还反映教学活动直接主体（教师与学生）与间接主体（教学管理者）协商一致管理的特征。单从教学活动形式来看，就是内容、环境、主体的统一，如课堂教学、课外练习、社会实践就是三者关系的不同组合结果。如果从教学活动主体的作为来看，则有讲授活动、听课活动、师生研讨活动等，每一种活动，各自主体地位的表现是不同的。高校教育教学内容是与教学目标紧密相连的，从国家或社会本位出发对专门人才的知识、技能体系有一个制度设计和进程安排，教学内容按照这些制度和进程逐步展开。现在，我国开始注意发挥教师和学生的主动性，对教学内容的选择权有所放开，但与教师自主裁量教学内容和学生在完全学分制下自由选择教学内容还有相当大的距离，至少学生的职业规划与学校的学业指导工作短时间内难以跟上。

四、高校教育教学的特点与过程

高校教育教学的特点与过程是联系在一起的，教育与教学是一个循序渐进的过程，世界上没有任何一种瞬时性的教学活动，过程性本身就是教学活动的普遍特点，因此很多学者用"教学过程"代替"教学活动"，专注于研究高校教学过程而不刻意研究高校教育教学活动也是可以理解的，只是过程性特点不为高校教育教学所特有。所以，将两者混淆是不合理的，无论是对高校教育教学活动的瞬时考察还是从教学效果的分析，高校教育教学活动的特点都是十分明显的，具体有如下特点。其一，专业性教学与综合性认知相结合。高校教育与基础教育的最大不同就在于知识的专业系统性，属于建立在基础教育之上的专业教育：教学目标和内容按照不同学科专业领域的知识体系进行设计，教学组织形式也分专业进行。同时，高校教育教学活动的综合性认知也十分明显：在专业性教学内容与教学情景中，学生的知识、能力、素质得到全面培育，即使是一门十分专业的课程，在课程设置、活动设计中，也安排有一定分量的基本素质和能力训练的内容和项目，教学活动对学生的影响是综合性的，对学生的培养是多方位的。其二，隐性教学与显性教学相结合。高校教育教学活动对人才培养的影响作用趋于多样化，传统课堂的直接影响、作业与练习的直观影响等属于显性活动部分，还有许多潜移默化的教学活动，比如学术报告会、参观学习、社会调查、教师对学生得体的表扬或批评等，这些看似不像规范的教学活动属于隐性教学活动，它的教育意义和对学生的影响绝不只是现场表现出来的结果，而要比现场深远得多、广泛得多。教育中的所谓"启发""养成"，其实就是对这种隐性教学活动功能的表述。其三，教学活动与科研活动相结合。科学研究活动是人类有意识地探究世界的实践活动，我们说高校教育教学活动是一种接近于人类认识世界实践活动的有效组织方式，本意就在于表明高校教育教学活动不是纯粹的知识传授活动，也不纯粹是师生交往与情景感悟活动，而是有目的地引导学生学会认知和探究世界的方法、训练基本的认知能力的活动。如果说本科生教学对这方面的要求只是初步的，那么研究生的教学则是典型的认识已知与探求未知的统一，就是教学活动与科研活动的统一，教师和学生在各自的教学活动任务中都可以实现认识已知与探索未知的结合。

五、高校教育教学的构成要素

高校教育教学是一个名词性词组，它可以指由学校为实现人才培养目标所组织的任何行动。由于各校、各学科专业的人才培养目标、质量规格、层次要求不同，高校教育教学活动也表现出较大的差异性。但就每一个具体教学活动单元的结构来说，它们又有许多相似性，即都是由若干基本相同的要素所构成的开放性系统，不同教学情景就由这个系统的要素的不同组合产生。

关于高校教育教学活动构成要素的研究，历来有争论。有的从共时性角度而有的从历时性角度分析。有的从关系角度而有的从表象角度分析，有的从深层结构而有的从表层结构分析。不同的分析角度决定了不同的分析结果，以至于出现从"三要素说"（教师、学生、教材）到"七要素说"（学生、教学目的、教学内容、教学方法、教学环境、教学反馈、教师）的巨大差异。客观地看，这种差异是正常的，特别是更加精细的结构要素划分，只要在逻辑上没有包含或遗漏，精细的分析应该得到提倡。联系高校教育教学活动的几个特点，我们认为一个比较完整的具体教学活动应该由教学主体、教学目的、教学信息、教学媒介、教学组织、教学环境六个要素构成。

①教学主体。以前往往以机械认识论为理论基础从施教与被教角度考虑，认为教育参与者包括作为教育者的教师和受教育者的学生两个方面，即

教学主体是教师，教学对象是学生。这实际上忽视了高校教育教学的特殊性，因为隐性的教学效果、探究性的教学活动都依赖于学生主体性作用的发挥，所以教师与学生是高校教育教学活动的共同主体。

②教学目的。这是任何教学活动的基本要素，只是不同目的有层次上的高低差别。即使是高校教育的教学活动，其目的也有层次之分，比如一个专业培养方案中的教学目的，一门课程的教学目的，一节课堂的教学目的等等。就教学方法研究需要而言，这里的教育目的主要指一个课堂之类的教学活动的目的，其中有比较抽象的一般要求，也有比较具体的内容、技能目标。

③教学信息。以前通常用教材以及教学内容来表示。但实际上，教学内容有一部分应该包含在教学目的之中，作为目标性任务加以明确。尽管学生获取知识的途径增多，但教材仍是学生获取知识的重要途径，不可轻视。

④教学媒介。教学媒介就是教学方法及实施方法的手段，由于现代教学技术在飞速发展，传统的方法归纳已经不能准确反映教学活动实际，很多现代教学设施、技术被应用到高校教育教学活动中，其究竟属于什么方法，尚未明确界定。因此，我们称其为教学媒介，既包含了传统意义上的教学方法，又包含了现代教学技术，它是传递教学知识、信息，增强教学信息刺激强度，提高教学影响效果的途径。

⑤教学组织。没有组织就没有活动，就一个教学活动来讲，教学组织不可缺少。在什么样的时间和空间、由哪些教师和学生参与、参与人员的规模以及教师或者学生在教学时间内的教学秩序维护等，都是教学组织的内容。还有教学评价，但它属于教学过程与质量管理范畴，不属于一个教学活动的内容。

⑥教学环境。高校教育教学环境对教学活动的影响越来越大，根据教学活动的需要，不断对教学环境进行必要的调节和控制，有利于教学活动的顺利进行。经过选择、净化、提炼和加工处理的教学环境有利于教学主体

实现追求真理、掌握知识、发展身心等目标。

六、高校教育教学模式

（一）"集中式学习"的教学模式

相对来说，集中式学习是一种较为传统的教学模式。集中式学习是以教师为中心，即由教师根据教学计划中统一规定的课程内容和教学时数，把学生集中到一起按照学校的课程表进行分科教学的一种组织形式。该教学模式强调教师的主导作用。当教学规模不是很大时，集中式学习这种组织形式相对来说是比较经济、有效的。

在这种组织形式下，教师的主导作用易于发挥，便于教师组织、监控整个教学活动的进程，这是其一；其二是有利于教学管理，使教学有目的、有计划、有组织地进行；其三是有利于自然学科的学习，自然学科中许多内容需要进行演示、分解和剖析，有些内容需要学生亲自去感触等；其四是有利于学生之间以及师生之间的情感交流，充分体现情感因素在学习过程中的重要作用。尽管集中式学习有上述优点，但它在高校教育教学活动中存在的弊端又是十分明显的，首先，这种教学模式无法解决学生参加学习时存在的工作与学习的矛盾、家庭与学习的矛盾以及分散居住与集中学习的矛盾；其次，它忽视了成人学生不同于其他学生在学习活动中的自主性和独特性；再次，集中式学习方式过分强调标准化、同步化、模式化，整齐划一是这种学习方式的目标追求，对成人学生知识的扩展会产生不利的影响。针对学生在学习过程中凸显的矛盾和问题，要真正保证教学效果、提高教学质量，就必须对现有的单一教学模式进行改革。

（二）"分布式学习"的教学模式

随着经济形势和信息技术的不断发展，社会总体人力资源的需求形势也发生了巨大变化，对各类高素质、高学历的专业技术人员的需求提高到了一个新的层次，对高校教育提出了更高的要求，并使得传统的教学模式受到了极大的挑战。

新的信息技术在教学活动中的应用，计算机网络的发展能够使教学内容得到有效的远距离传递，学生可以不必像以往那样，全体集中到一个地点，由教师面对面地传授知识。电子邮件可以支持学生之间、师生之间的交流与合作，解决学习中的问题，开展各种讨论，教学模式不再单一，因此，"分布式学习"的教学模式应运而生，并迅速以自上而下的政策推广形式，借助国家高校教育政策手段投入各地办学实践。"分布式学习"是远程教育的建构主义，采用建构主义的学习环境的设计思想，将传统的以教师为中心改变为以学习者为主体，着重于为学习者提供丰富的资源建立自己的认识和理解。我们将这种新的远程教育形式称为分布式学习。

目前对"分布式学习"的教学模式的理解有几种观点：在美国及很多国家的学者认为"分布式学习"和远程教育是一样的，指的是各种不同于面对面教学的教育；还有的认为，"分布式学习"是指开放和远程教育在传输课程时逐渐向使用新信息技术的转变；另有观点认为，"分布式学习"可作为人机交互工作的一个整体。尽管对"分布式学习"有各种不同的描述，但"分布式学习"实际是一种教学模式，它强调的是"分布"，强调为学习者提供灵活的、突破时空限制的教育，适应社会经济发展以及对人才的需求。"分布式学习"教学模式的出现，使面对面教育和开放远程教育之间的边界逐渐消失而趋于融合；加强了以学习者为中心，更有效地促进学习者的学习；使我们认识到要根据时空分布方式的变化调整学习和教学策略；"分布式学习"强调的是学习环境，学习者分处在不同环境中，有着共同的任务，在"分布式学习"环境中共同完成学习任务，学习是不同环境的分布，不一定受限于正式的机构设置。

随着教育的全球化"分布式学习"环境也要具有国际化思维，适应来自不同文化背景的学习者。可以说"分布式学习"是未来学习方式发展的一个新趋势。也有人认为"分布式学习"模式可以结合传统课堂教学应用，结合远程教学应用或可用于创建有效的教学课堂。学生可能是身处远方，参加远程教育，也可能是集中式学习中的一员，但他们在索取资源，汲取知识时，所利用的资源不仅仅局限于教师或者某个机构，而是充分利用现代信息技术，利用分布在各个不同地方的资源，使学习资源比以往的单纯的传统课堂授课方式要丰富得多，所以，"分布式学习"强调的是资源的非集中化。另外，"分布式学习"的教学模式除了可以使学习者获得丰富的资源外，还可以是传统课堂授课方式的补充和灵活运用，如可通过电子邮件交作业、答疑，通过网络与教师、学生甚至专家进行交流和讨论，等等。这一教学模式在成人教育教学活动中的优势十分明显，首先它解决了成人学生在学习中存在的工作与学习、家庭与学习、分散居住与集中学习的诸多矛盾，同时丰富了学习资源，学生获取知识的渠道更加宽广，教与学的方式变得更加灵活，学生学习的自主性也得到了加强，对于学生的发现性学习和研究性学习能力的培养也起到了很好的促进作用。

（三）"双元制"教学模式

"双元制"的教学模式也可称为"双轨制"教学模式，是德国在100多年来传统的学徒培训制度基础上发展而形成的，"双元制"中的"一元"指职业学校，另"一元"则指企业。学校承担学习文化和基础技术理论，企业承担职业技能培训，两元结合完成教育任务，故称之为"双元制"。"双元制"是学校与企业分工协作，以企业为主；理论与实践紧密结合，以实践为主的一种成功的教育模式。学生在企业里接受职业技能培训的同时，又在学校里接受专业理论和普通文化知识的教育。这样，既能够使学生具备毕业后立即上岗的能力，又通过学校教育使之基本素质得到提高，从而具备继续学习和终身学习的基础。

"双元制"教学模式具有以下特征。职业培训在两个完全不同的地点进行——企业和学校；受训者兼有双重身份——学生、学徒；培训者由两部分人承担——实训技师（师傅）、理论教师；教学内容原则上分两部分——企业培训按政府的培训条例和大纲进行，学校教育按国家和省级教育主管部门公布的教学大纲进行；教学管理——企业培训由政府管理，受政府法规、条例等约束，学校教学由教育主管部门管理，受教育类法规约束；经费来源的两个渠道——企业培训的费用由企业承担，学校教学的费用由政府和学生承担；以职业能力为本位的培训模式；以市场和社会需求为导向的运行机制。

"双元制"在 20 世纪 90 年代引入我国，应用到高校教育教学实践中，成为一种特点鲜明同时富有成效的人才培养模式。经过多年的发展，已经取得了一些成就。已经有许多实践性较强的专业采取了这种教学模式，例如，汽车维修、炼钢和轧钢、保险、物业管理、机械制造和医疗等。"双元制"教学模式的应用为我国成人教育发展提供了宝贵的案例资源，从中可以看到"双元制"教学模式的以下优势：

第一，改革专业课的课堂教学模式，促进学生技能的提高。"双元制"教学以职业能力为本位，各院校在实践中都突出了实践性的原则，使学生在学习的同时获得职业工作的经验，与传统的课堂型职业教育形式相比存在明显的优势。

第二，加强了学校与社会和企业的联系。"双元制"教学模式打破了传统的封闭的办学方式，由学校和企业共同承担培养学生的责任。因此，在办学中学校增强了与外界的沟通，更多地了解了社会和企业对人才的需求情况，克服了以往办学的盲目性。

第三，加快了师资队伍的建设，教师的理论水平和实际水平都有所提高。在"双元制"办学过程中，提高了专业教师的实践能力，改变了以往的教师基本上是学科型的，实践能力不高，动手能力不强的状况。

第四，各院校借鉴德国"双元制"教学模式，改革了课程结构，丰富了教学内容，使教学方法灵活多样，促进了教学模式的改革。

第二节　高校教育教学观念及其发展变化

一、高校教育教学思想观念及其核心内容

（一）高校教育教学活动主体

教师主体论源于以赫尔巴特为代表的"教师中心说"，是长期统治教育研究与指导教学活动的主导流派。该派观点认为，在教学活动中教师是唯一的主体，学生是用来供教师加工、改造的，与教学内容一起构成教师教学活动的对象，属于教学客体。学生主体论源于以杜威为代表的"学生中心说"，其基本观点与教师主体论相反，认为教学活动的唯一主体是学生而不是教师，教师和教学内容都是被用来塑造和加工学生的，是其成材的工具性对象，是教学客体。而教师学生双主体论则改造了前述单一主体论的思路，提出教师和学生都是教学活动的主体，在一个完整的教学活动内，就对教学效果的最后影响来说，分不清教师的能动作用大还是学生的能动作用大，只能是两个主体并存，共同协调的结果。这时，教学内容、教学设施、教学环境等就基本上属于辅助性的东西，属于教学客体。

其实，对教学主客体的辨析有一个基本的逻辑起点，这就是从哲学引用过来的主体概念是基于什么哲学观点的，是本体论的观点还是认识论的观点。显然，从本体论出发，只能有一个主体，而从认识论出发，选择的认识活动角度不同，就会得出不同的主体结果。教学本身就是一个复杂的系统，从教学作为社会活动实践关系出发，毫无疑问教师是主体，学生是客体；从教学活动的价值关系出发，很明显，学生必然是主体，教师是客体；从

认识活动的全面关系出发，则教师与学生都属于主体，客体只是那些主体之外的教学活动要素。提高对教学活动主体的认识，有利于调动教学活动要素的积极性。那些单方面强调教师主体地位的观点，对教师工作积极性、主动性与责任心有极大的激发作用，但很多情况下，教师的一厢情愿往往达不到教学效果，久而久之，教师的这种积极性也会消解。那些单方面强调学生主体地位的观点，有利于激发学生的自我教育、自我学习、自我塑造，也有利于教师在教学中贯彻促进学生全面发展的理念，但如果缺乏教师的正确引导，学生往往也不能得其门而入，最后效果并不理想；教师和学生的双主体地位，可以比较全面地调动教师和学生在教学活动中的积极性，根据实际需要各自发挥应有的作用，共同完成教学任务，实现教育目标。按照高校教育的教学活动特点来看，这种双主体观念更符合教学实际。教师和学生在教学活动中主体地位的认可，不是什么权益之争，而主要在于责任的归属。教师和学生对于那些作为客体的已知知识、未知知识的认识与探求是共同的，因此在这种"既认识已知又探索未知"的高校教育教学活动中，教师和学生属于共同的主体是不应该有疑问的。

（二）高校教育教学活动主体关系

一般来说，任何活动都存在主体与客体的关系，如果按照两种单一教学主体的观点，无论谁为主体谁为客体，都是主客体关系。但是，高校教育教学活动主体是双重的，不同主体之间必然构成一定的关系，因此，很有必要探讨教学活动的主体关系。至于高校教育教学活动的客体，在双重教学活动主体前提下，它与主体之间的关系比较简单，一方面服从于主体的需要，另一方面充当连接两个主体的纽带。

1.高校教师

高校教师是教学活动任务的具体组织者、承担者。教师群体是高校履行人才培养职能的直接人员，他们还在自己的专业领域肩负着科学研究和社会服务的使命。高校教师作为一个群体概念，包含所有在高校从事与教学活动相关的专业人员，既有教学第一线的任课教师，也有以科学研究为主要任务的研究人员，还有实验、实践教学以及教学活动组织管理第一线的教学辅助人员。高校教师作为一种社会职业者，具有较高的社会地位和重要的教学主导地位。人们常常把高校的人才培养和学术水平看成一个国家文明进步的标志，对履行这两项职责的高校教师寄予厚望。另一方面，在高校教育教学活动中，教师对教育内容的选择、对教学活动的调节、对教学进程的把握、对教学手段的改造等起着主导作用。因此，教师是教学活动的主体。

总之，高校教育教师肩负着比较多的教学职责。第一，要肩负传授知识，引导学生掌握学科专业基础知识、基本理论和基本技巧，培养和发展学生智力和专业能力的职能。第二，要在教学活动之中通过隐性手段启发和培植学生良好的道德、情操、意志与美感，关注学生的全面成长。第三，要精心组织和设计教学活动，不仅注意课堂教学活动的组织，还有由课堂延伸到课外的答疑辅导、作业评判以及相应的实验和实习、实践。第四，为了更好地服务和改进教学，必须不断地开展专业领域的科学研究和教学研究，以引领学生及时了解科学前沿，改善教学方法，丰富教学内容。在这些基本职责中，最基本的两项是教学和科研。能否成为比较合格甚至优秀的教师，关键就在于这两项职责的履行情况。这两项职责任务完成得好，不仅可以相互促进，还可以带动其他职责更好地完成。实际上，中外高校都有不少教师并不能较好地兼顾两者，相当多的教师把自己的教学目标定为传授课程知识、介绍本领域的概念和方法，很少关心学生的一般智力发展和个性发展。他们作为教学内容方面的专家，与本领域的其他人一样都具有专门化的知识、概念、话语、方法，但作为教师，尤其是本科生的教师，他们则难以与学生形成共同认可并乐于接受的训练方法，丰富教学活动的知识和理论。

高校教师肩负的职责决定了他们的劳动特点。这就是教学手段的自主性与教学活动的示范性、教育对象的能动性与教学情景的复杂性、教学过程的长期性与教育影响的滞后性、教学方式的个体性与教育成果的集成性。面对这些特点，有的教师可能会表现出无可奈何，有的则从积极方面进行力所能及的改进，由此形成个人教学风格。比如以教学内容为中心的，以尊重学科为特点，重在教给学生系统的知识、原理；以教师自我为中心的，则相信自我的榜样作用，让学生陷入角色模拟的境地；以智力为中心的，则以训练学生的智能为目的，一切的知识、环境都只是用来训练的道具，知识、技能本身不是追求的结果。这些都是有特点的教师，还不是"全能的教师"，比较良好而全面的教学活动，应该是教师的知识、师生现实的探究、教师引人入胜的个性、人格和激励学生学习动机能力的高度复合。可见，当好一名高校教师实属不易。

2. 高校学生

高校教育教学活动的主要参与者除了教师就是学生，不仅高校的教学如此，任何学校教学活动都离不开教师和学生，二者缺一不可。学生的积极参与不仅丰富了教学活动的内容与形式，也在很大程度上决定着教学活动的最后效果。高校学生的构成是十分复杂的，而且随着教育大众化的推行、终身教育观念的深化和学习化社会的建立，到高校接受教育的人群越来越多，学生构成也越来越复杂。一般来说，高校教育的学生不分种族、地域、性别，在年龄上处于青年中期，个体的生理发展接近完成、心理变化趋于稳定，自我意识日益增强，已经接受了基本的基础教育。但这只是高校学生的基本规定性，实际上，世界各国高校的学生要比这复杂得多。就我国来说，目前本专科学生主体上符合以上的规定性，随着高等教育政策的调整和大众化教育的发展，以及更多少年的提前入学，使得高校学生在年龄、心理、生理等方面均已突破原有规定和认识。如果将硕士、博士研究生考虑在内，则这种基本界定就显得更加局限和狭隘。

为什么参加高校教育的学习，是解决和了解学生的学习目的和动机的重要依据？高校学生的学习目的、动机是高校教育教学活动的重要影响因素，也是学生作为教学活动主体的重要标志。只有那些目的明确、动机纯正的学生才能在高校教学活动中发挥积极的主体作用。无论高校教育关于人才培养目标的理想设计如何，学生的实际学习目的与动机不一定与之完全合拍，但学生的要求只要是合理而可行的，就应该得到满足。研究表明，多数大学生认为，他们学习是为了取得职业的或专业的训练，获得发展自己和个人兴趣的机会，最终能够获得较高的收入。学生学习的态度与方式倾向是什么，这个问题的回答涉及学生的多个方面。首先是目标决定态度，基础决定方法，情感决定倾向。目标明确的学生其基本态度是积极的。知识基础、能力基础强的学生，其学习方法、参与程度必然得当；依赖性、独立性、表现型、沉默型等不同情感类型的学生，其对教学活动的态度与影响也不完全相同。

（三）高校教育教学活动主体关系模式

教学活动也被理解为教学主体之间的人际交往活动。高校教育教学活动的每一个教学环节都包含了各教学主体交往的关系，每一对主体关系动力的平衡与消长，都影响着教学活动。高校教育教学活动具有明显的个体性与综合性特点。这就是说，教师的教学既是个人的劳动表现，也是群体的劳动表现，一个教师不可能教好一个班级，培养出一批人才，甚至不可能完整地教好一门课程，必须要有教学助理、实验人员以及班主任等相关辅助人员的共同参与才行。学生的学习也是如此，纯粹单个人的学习有时不能很好地完成，我们强调开展主体性教学，所依靠的不只是单个学生的主体性，还包括建立在每一个学生主体性发挥基础上的协作教学、合作探究。所以，高校教育的教学主体实际上有 3 对主要关系：师生关系占主导地位，师师关系和生生关系居于次要地位。

师生关系是任何学校教学活动都普遍存在并引起高度重视的一种行动主

体对应模式。它是以教学任务为中介，以"教"与"学"为手段构成的特殊社会人际关系，是高校教育最基本的、在教学活动中占主导地位的人际关系。对这种关系的认识也在不断发展变化，就其结构来说，传统的理解就是教师对学生"一对一""一对多"的主从关系，在高校教育教学活动中的表现就是：在课堂教学上，教师读讲义、做演算，学生记笔记、做练习；在课程设置上，必修课多于选修课；在教学管理上，实行学年制，对所有学生按一个标准来要求，个体差异没有受到重视，等等。历史经验和教训告诉我们，认识和建立新型师生关系对高校教育的教学来说十分重要。在这种新型师生关系中，教师与学生是"一对一""一对多""多对一""多对多"的复杂网络系统，这个网络系统功能的全面发挥，就是高校教育教学活动的全部任务与追求目标。

师师关系就是高校教育教学活动中所涉及的教师群体内部之间的多边关系。我们发现我们对高校教育教学活动中的师师关系的关注度不够，但凡谈到教学关系，必论师生关系。其实，高校教育教学活动中，师师关系的作用非常大，这是与中等学校、其他培训学校完全不同的。由于这种关系的构成具有长期性、利益性、人格性等特点，所以尽管关系网络不会很庞大，但文人相轻、学术流派、师承传统、利益之争等情况常常发生，甚至影响教师的教学。这是从对立性看的，再从合作性来看，哪怕是一门课程甚至一节课堂，主讲教师与助教之间、理论教师与实验教师之间、教师与教学调度人员之间等的配合关系，都会直接影响教学活动的开展及其效果。所以说，一个和睦的教师群体对于高校教学活动的有效开展十分必要。

生生关系是由高校教育同辈学生相互之间组成的多边联系。这种关系也被称为同学集体，它可以由同年级同专业的学生构成正式的稳定关系，也可以由相同学科专业不同年级的学生以学术爱好为基点构成稳定的校友关系，还可以由教师主导创立诸如电子协会等主题组织关系。生生关系的形成具有随机性，但一旦形成，就表现出比较稳定的态势，这种态势不仅在学生大学学习期间有相互促进、影响的作用，还会在高校教育结束后延伸到社会活动中。生生关系对教学活动，尤其是对学习活动的影响是全方位而且深刻的，被认为是仅次于学生个人行为的力量。当然，这种关系结构的规模大小、质的差异性等内在特征会在比较大的程度上决定其对教学影响作用的发挥。

二、高校教育教学思想观念变革的趋势

进入 21 世纪以来，随着我国高校教育大众化进程的不断推进，高校教育条件保障机制等方面遇到了难以预料的困难，由此引发的人才培养质量争议成为高校教育的热门话题。政府和高校教育回应这种社会争议的积极举动就是实施"高等学校教学质量与教学创新工程"，试图既改善高校教育的条件保障状况，又注重将物化的环境与条件转化为人才培养所必需的制度建设，不断推进教学思想观念创新。

（一）全面落实科学发展观

发展，包括高校教育的发展、人的发展。围绕以人为本这个核心，人才培养工作必须是全面、协调、可持续发展的，这也是终身教育和学习化社会思想的基本要求。贯彻党的教育方针，推进素质教育，坚持"巩固、深化、提高、发展"的方针，遵循高校教育的基本规律，牢固树立人才培养是高校教育的根本任务、质量是高校教育的生命线、教学是高等学校的中心工作等都属于新的高校教育教学理念。

（二）建立健全大教育观

具体表现在创新高校教育资源共享上，通过新教材和立体化教材建设、网络教育资源开发和共享平台建设，建设面向全国高校教育的精品课程和立体化教材的数字化资源中心，建成一批具有示范作用和服务功能的数字化学习中心，完善服务终身学习的支持服务体系，提升我国高校教育的质量

和整体实力。这需要充分考虑提高教学质量的系统性和复杂性，确定一些具有基础性、全局性、引导性的创新突破口，引导高校教育教学创新的方向，实现高校教育规模、结构、质量和效益协调发展。同时，也需要调动政府、学校和社会各方面的力量，把发展高校教育的积极性引导到提高质量上来，充分利用各方面力量支持高校教育的发展，切实解决高校教育在提高质量方面的实际问题，为高校教育办学创造良好的外部环境。

（三）高校教育教学创新

高校教育教学创新与高校教育质量提高是一对永恒的话题。总体而言，我国高等教育教学创新在实践活动上可谓阵容庞大、气势恢宏，但在形式和内容上出彩不多。因此，在教学制度创新方面，要继续建立和完善教学评估制度、专业认证制度、高校教育基本状态数据发布制度等；在教学活动创新方面，不仅要落实"教授、名师要上课堂"，还要努力建设高水平教学团队。同时，应继续突出学生的主体地位，不断加大学生选课、选专业的余地，通过学分制使学生学习的自主性、自我责任心进一步增强。还应通过各级各类大规模、高强度的教学研究与教学创新立项和成果奖励，推动教学方法创新的激励机制，从根本上改变教学方法创新零散、自发、孤立、短效的局面。

第三节　高校教育教学方法

一、高校教育教学方法概述

在已有研究成果中，对于高校教育教学方法的分析和认识有本质揭示型的，也有特征或过程描述型的，对于高校教育教学方法研究的风向转向了"模式"路径。无论是本质揭示还是特征或过程描述，都存在一个致命缺陷：

教师本位思想。这样，几乎所有关于高校教育教学方法的本质定义和特征归纳，都陷入以教师为主导的"二元论"泥沼，从教师角度研究教授方法，从学生角度研究学习方法。教授方法加学习方法就构成教学方法。这种逻辑思路所分析得出的结果自然离高校教学活动真实情景距离较远，教师的教授方法可以在没有学生参与的环境下进行，学生的学习方法更无须教师的直接参与。这两种可以游离的方法不是简单相加就可以组合成新的方法。因此，对传统的教学方法研究成果提出了批评。但批评与建构是事物发展的两个不同阶段，但在建构尚无突破、也未引起足够重视的情况下，高校教育教学方法的研究却转向了"教学模式"研究，随着教学模式研究的兴起，教学方法研究则式微。

其实，教学模式研究代替不了教学方法研究，或者仅仅是教学方法研究特殊阶段的一个尝试。很多教学模式研究成果显示，它属于教学方法研究范畴，教学模式是多种教学方法的综合。至于说教学模式是稳定的、典型的教学程式或策略或样式，这种表述也背离了高校教育教学活动的本质，与高校教育教学活动特征不相容。因为高校教育的教学活动，尤其是教学方法，不存在可以照搬、套用的"方法组合"，试图设计或概括出一种模式加以推广也不符合高校教师、学生、学科专业、学校类型等差别化的实际。高校教育教学，它的本质是一种整体性的有机"活动场域"，教学方法就是维系这种活动场域的或隐性或显性的"脉络"，即在教师的教授活动领域与学生的学习活动领域的交叉重叠部分发生的信息传达、消化、反馈的思维、路径、手段以及氛围环境等。在这个交叉重叠区域之外的教授方法、学习方法或者管理方法，他们虽然对教学活动、人才培养有重要影响，但不是严格意义上的教学方法。

在高校教育教学活动场域中，关于方法问题还不只教学方法一端，还有管理与教师活动交集场域的方法问题、管理与学生活动交集的方法问题。

但教师和学生活动交集又与管理活动有一小块交集，问题的核心就在于此：教学方法的掌控权限。假如教师、学生、管理者在整个教学活动中的作用是均衡的，而且教学方法的选择与使用也是深度融合的，则三者对教学方法掌控权的共同认可范围大约是各自三分之一的"他控"组合区域，各自的三分之二都是自我控制的。也就是说，在教学方法的控制问题上，管理者、教师和学生都不可用全部的单方面意愿来衡量整体和他方的教学方法，真正可以达到三方共控的，是小于各自三分之一的共同空间。教学方法的自由是"教学自由"的实践根源。

二、高校教育教学方法的特点

认识教学方法的特点是认识高校教育教学方法的理性提升。仅从明确提出高校教育教学方法特点和分类来看，几乎都是循着"探寻模式"和"分析过程"两种思路在进行。薛天祥提出的课堂教学方法、自学与自学指导方法、现场教学方法、科研训练方法的"四分说"（即包含四种方法），陆兴提出的组织和实施学习认识活动方法、刺激和形成学习认识动机方法、效果检查和自我检查方法的"三分说"（即包含三种方法）。我们通过分析大量教学成果奖获奖材料以及"教学名师"的实践经验发现，对于高校教育教学方法特点和分类的认识要首先回归教学活动本身。教学方法必须是在教学活动中充当"脉络"功能的东西，教学活动之外的、教学活动之中但不能充当活动"脉络"的，都不能归于高校教育教学方法考察范围。

在整个高校教育教学活动中，一切活动都是围绕"提高教学水平和教育质量、实现培养目标"这个中心的，而且任何活动都具有其方法、途径、手段。在专门人才培养过程中，课程是最基本的知识与能力体现单元，也是高校教育活动中学科与专业相互转化与结合的最小载体。学科是一个按照学术发展逻辑不断丰富起来的知识体系，专业是教育活动按照社会对专门人才要求所设计的一个相关学科知识体系群，开展这种学科知识体系群的知识传授和能力训练就是专业教育。可以说，专业是按照社会发展的逻辑变化的。课程是学科知识体系的分化单元，也是高校教育实施专业人才培养的最小的完整的知识与能力结构单元。高校教育的复杂性就体现在从课程这个知识逻辑体系到转化为接受教育的学生所获得知识与能力的微观过程之中，这就是教学活动。因此，研究高校教育教学方法必须把课程作为基点，超出课程范围的东西，如人才培养方案、教材建设与教学活动关联不大。确定了教学方法的基本范畴，尚需进一步对教学方法的内在特点和结构进行细化。

高校教育教学方法特点的研究近来比较沉寂。早前"二性论"（专业指向性、学术研究方法接近性），"五个培养论"（学生的自学能力培养、研究能力培养、实践能力培养、合作精神培养、创新精神培养），"七方式论"等，几乎都是对教学方法的实现功能考察得出的结论，到了"三性论"（学生主体性、探索性、学科专业性），关于高校教育教学方法特点的研究才逐步回归到高校教育教学方法本身。

循着这种思路，在全面考察高校教育教学方法涉及的各个方面之后，我们认为比较集中的、显然区别于其他层次教学方法或者高校教育教学活动中其他范畴的特点主要有：

第一是可感性。可感性与抽象性、不可感知相对。教学方法虽然具有工具性，但一味强调甚至放大它的工具性是不利于创新的，所以要把它看作是维系教学活动场域的"脉络"，尽管"脉络"不都是可见的，但必须是活灵活现的。教学活动到了面对面的"方法"程度，感性色彩非常浓厚，不仅要使参与者都能够感知"方法"的存在，而且还要富有效果。可感性是对教学方法的具体化概括，无论是语言、工具、形象、仪态甚至思路、能量等，都能够让人感触、感知、感觉得到。这就可以避免原来那种"方法是对知识进行加工并呈现出来"说法的片面性。可感性越强，可接受程度越高。

第二是内隐性。内隐与外显、直白相对，近似于含蓄。教学方法的最终目的是教育学生，而无论从理论上分析还是从教学实践经验总结，对于不同的人，或者对同一人的不同时段和处境，教化的方法是截然不同的，这就需要教学方法具有内隐性，不全是直白的指点、训斥。同时，一切社会认知都具有内隐性，根据学习心理学的研究，学习者对于社会性信息感知的内隐性要强于对非社会性信息的感知。这好比大厦结构中的钢筋和水泥，内隐性是"钢筋"，外显性是"水泥"，它们共同构成认知建构的基本结构。高校教育教学活动，虽然是专业性教育，但更多的是社会认知性学习，因此，内隐性是教学方法的普遍特点。

第三是双重性。双重性就是事物的两种相对独立甚至对立的特性集于一体。很多事物具有双重性，高校教育教学活动的双重性尤为突出，在教学方法层面，教师和学生的主体双重性、教师和学生参与教学活动动机的双重性、目标的双重性、价值标准的双重性等都集中在一起，交锋交汇。具体而言，突出表现在教学内容、方式方法、手段，甚至是目标与结果等教育内部体现上。这些关系有的是从属的，有的是背离的，有的是不确定竞争性的，还有的是客观性与主观性并存。总之，忽视高校教育教学方法的双重性，教学方法就会走向死胡同。

第四是微观性。微观是个相对概念，社会科学中，通常把从大的、整体方面去研究和把握的科学称作宏观科学，从小的、局部方面去研究和把握的科学称作微观科学。在高校教育教学活动体系中，教学方法显然不属于宏观层面的概念或范畴，微观性是教学方法的实际处境，只有认识到这一点，才能准确分析教学方法的各种内在问题。任何提升或夸大教学方法层级的认识、企图都会把教学方法研究引向歧途。

第五是复杂性。复杂性是一门认识论、方法论科学，它是对"还原论"的批判和超越、对"整体论"的追求，或者说是既重视分析也重视综合、既关注局部也关注整体的系统科学的新发展。事物的复杂性是指在环境、条件发生变化时，不同行为模式之间的转换能力及其表现比较弱，某些新增条件似乎消解了一些元素。因此，要用非线性关系去把握局部与整体的变化。认识事物的复杂性，必须把握复杂性事物内在的非线性、不确定性、自组织性和涌现性。高校教学活动，完全符合复杂科学的这些特征，因此，教学方法相应地具有复杂性特点。

第六是丰富性。感性活动的基本特点就是无限的丰富性，教学活动尤其是教学方法方式，既是有组织的合理性和合规则的建制活动，更是一种师生互动的感性活动。一名教师教授同样的课程，两次的教学感受以及教学方法可能是完全不同的，学生的学习感受也是如此。教学方法的丰富性实际就是教学方法的感性、复杂性以及双重性等特点的衍生结果。因此，期望用教学模式来"类化"教学方法的研究路径是违背教学方法规律和忽视教学方法特点的。

三、高校教育教学方法的分类

我们高校教育教学方法的基本特点，对于高校教育教学方法分类这种表征性的概括就比较容易。高校教育教学方法的分类要从"种属"和"类别"两个方面分析，即按照种和类两个维度进行分解：第一个维度是"类"的角度，可以分为：①教学方法总论；②理论课程教学；③实践课程教学；④学习方法。第二个维度是具体的方式与途径，即"种"的角度，可以分为：①课程教学内容与体系创新；②教学方式方法创新；③教学手段与技术创新；④教学艺术与技巧创新；⑤教学方法模式创新与综合创新；⑥教学效果与质量检验方式创新；⑦教学组织方式方法创新；⑧教学方法创新理念与策略。建立这样一个二维方法结构表，基本可以反映高校教育教学方法的全貌，高校教育教学方法的所有特性也能够在其中找到相应的载体。高校教育教学方法研究就是要从高校教育教学活动的整体系统入手，深刻分析教学方法的特点，认识教学方法的规律，并在教学实践中有效运用教学方法。在进行高校教育教学方法研究时，有三个基本着眼点不能忽视。

课程：教学方法研究的逻辑起点。教学方法研究从何入手，不同的路径产生不同的结论，比如以教学工具为基点，就会使教学方法研究偏重于实现教学的手段；以教师主体为基点，就会使教学方法研究走向"教师中心"的单边主义。教学方法研究的适用基点可以有很多种选择。我们所理解的教学方法应该以教学内容为出发点，因为教学方法所承载的主要功能就是知识的传递、接收、转化与学生修养、思维、能力的训练。没有教学内容，教学方法就无从谈起。但是，教学内容是一个复杂的体系，大到学科专业的系统化知识体系，小到一个基本概念和定律、规律性常数等，针对不同的教学内容可能会出现不同层次的教学方法。为此，教学方法研究必须核定一个教学内容层级，"课程"是我们确立的教学内容逻辑起点。课程在发展演变中，曾被赋予过多种多样的含义，富有代表性的课程定义有如下几种：学习方案、学程内容、有计划的学习经验等。一般认为，课程就是系统的教学内容，是一系列教学科目的集合。具体而言，课程包括"教学计划""教学大纲"和"教科书"所规定和表述的内容。无论课程的定义表述如何，这里作为教学方法研究逻辑起点的课程特指高校教育课程。高校教育课程不同于基础教育课程，它具有自己的基本范畴和过程性特点。基本范畴就是高校教育课程一个系统性概念，最基本的是为达到某个教育目的而组织的一个单纯性教学内容。推而广之，还有教学科目、学科。过程性特点是高校教育课程的显著标志，无论哪个层次的"课程"都是为实现一定的教育目标而组织的教学内容，而且这些教学内容必须进入教学环节，参与教学活动。尽管从哲学、心理学、社会学以及交往论等不同视角对课程的过程性认识会有不同阐述，但"知识体系""教学资源""教育目的载体""组织模式"这几个核心概念是其灵魂所在。从起源讲，课程就是"课业进程"。

教学方法是以某一门具体教学科目为基础的教学交往活动要素，不仅仅在孤立的一次教学组织活动或者在学科专业层面的全程教育活动中。在当前课程创新意义上，可以适当延伸到课程组群的教学活动，比如专业基础课程、专业课程或者理论性课程、实践性课程，还有从表现形态划分的显性课程、隐性课程等。因此，以课程为逻辑起点的教学方法研究，必然是丰富多彩的。

目标：教学方法研究的基本考量。这里的目标不全是高校教育人才培养规格目标，而是指具体课程的教学目标，但它又是整个高校教育人才培养目标的一个组成部分。这个课程教学目标既是课程体系的目标，同时又是教学活动的实现目标。按照课程论的观点，高校教育课程设计具有基础性、实践性和国际性的发展倾向，那么，具体的单门课程目标，既有与其他相关课程目标的分野又有相互的衔接，即使整体人才目标的组成部分也各具自身的独特性。而要达到这个目标，则是教学环节即教学方法所必须回答的教学目标。一般来说，将课程的知识结构体系传达给学生不是难事，但这不一定需要教师的参与，更无须教师设计教学方法。课程目标的重要任务是以知识体系为载体，通过教学活动达到训练学生能力、提高学生认知水平，并在一定程度上转化学生情感的效果。

因此，研究和分析高校教育教学方法，必须把实现课程以及教学目标作为考量依据，尽管课程与教学目标也是教学评价的重要依据，但如果在教学活动的方法选择上游离教学目标，那么在没有做到"教考分离"以及学生对教学评价主导地位难以落实的情况下，课程教学考核依然会在教师或管理者的单边主义主宰下进行，不能反映某门课程的目标是否实现。这也是长期以来，高校教育教学活动中教师教书本、学生学书本、考试考书本，最后学生除学了一堆知识之外，实践能力、创新思维以及情感培育等非常欠缺的原因。

教学方法为实现教学目标服务，在教学方法被"艺术化"的倾向下，尤其要防止"为艺术而艺术"的思潮蔓延，使教学方法创新走上一条"为方法而方法"道路。无论是实施教学组织，还是运用教学方法，或是评价教学方法，都应该把课程及其教学目标放在首位，根据目标实现的程度和效果以及采取某种方法开展教学的效率来考量教学方法的好坏。在各种类别和层次的教学方法中，以一门课程的教学目标实现和其相应一个教学活动单元组织开展的教学方法就是本研究的基本使用域。

第四节　高校教育教学方法创新的原则

建构高校教育教学方法创新理论是为了推进高校教育教学方法创新实践。高校教育教学方法创新的原则是以基本创新理论为前提，按照激化矛盾冲突、假设科学有效和追求教学效率最大化的基本规律，指导和规训创新实践的准则。以适切性为特征的创新原则和以有效性为特征的创新目标是不断发展变化着的，不是一种判断教学方法的价值标准，它们在不同教学情境下有不同的遵循要求，绝不可一概而论，否则就会抹杀高校教育教学方法的复杂性和丰富性。

一、科学性原则

高校教育教学方法创新无论在方法论层面还是在具体的教学艺术与技巧层面进行，首先必须是科学合理的，而不是随心所欲的，是科学性与艺术性的统一。同时，创新活动还必须同时符合相应学科规训和教育学科规律的基本要求，违背任意一方面的基本规定要求，方法创新就是为创新而创新的形式主义，不仅不能达到理想效果，还会诋毁教学方法创新的本来面貌。为了做到教学方法创新符合科学性原则，在创新活动实施之前，就应当对创新活动的实施以及结果进行基本评估，使其尽可能合理，操作更便捷。

二、相对性原则

创新本来就是相对于原有状态而言的，任何创新都不可能达到绝对的最优、最佳、最美、最先进的程度。教学方法创新的相对性，一方面是针对人类既往所使用的一切教学方法而言，都是总结和继承传统教学方法合理成分而开展的相对完美的创新，没有过去就不可能有教学方法的创新，无论从具体形式还是从组合方式，以及所产生的后果，只要取得了相比以前更好的效果，就是成功的创新实践。特别重要的一点，就是真正的教学方法创新必须是能够推广的，而不是"独门绝技"。以前的很多教学方法创新，虽然在个别或局部产生了比较理想的成绩，但是推广价值不大，影响面小。这是我们开展教学方法创新所必须坚持的一项基本原则。否则，一切创新都会成为过眼烟云，不会给高校教育教学留下有价值的经验和财富。

三、适切性原则

教学方法创新的基本要求是符合教学需要，创新是实实在在的实践活动，不能有理想主义的侥幸心理。教学方法创新设想一定要适合教学内容、教学对象、教学目标以及教学时代与环境的需要，方法是服务于内容、服务于主体、服务于目标、服务于环境条件的，不同方法适应不同内容、主体、目标、环境。因为高校的基本教学要素几乎时刻在变化，这要求教学方法创新活动也必须每时每刻、无处不在。即使是同一个教学内容、相同的教学目标和同一个教学时空，学生的情况也各不相同，可以尽最大努力实施多样化教学方法或教学进度。

四、开放性原则

高校教育教学方法创新需要有一个开放的环境和宽容的氛围方能顺利进行，现有的各种管理、评价、考核制度不是鼓励教学方法创新，实际上是限制甚至是扼杀了教学方法创新。就教学方法创新的内在需要而言，要有开放的视野，不要仅在教育学的圈子里，也不要仅在已有高校教育学圈子里打转，创新就是突破和超越，站在井底就超越不了井口的视野，因此鼓励多学科、多领域、多国度的学习借鉴，当然这种学习借鉴必须是认真消化了的、切合高校教育教学基本要素需要的。二是在教学管理上对待教学方法创新也必须是开放的，不要把课堂规定得太死，课堂就是教师和学生的课堂，要提倡把课堂还给教师和学生。三是在教学方法创新结果以及评价方面也必须持开放态度，既然是创新，就要允许有多样化结果，甚至容忍失败，不能用传统的结果观念和标准考量创新的教学实践活动。同时，在评价某位老师的某门课程的创新价值问题上，也应该科学地看待评价主体的认识能力及其当下的感受，有时当下的感受可能是不真实的，需要用很长一段时间加以内化、比较以后才能做出客观的评价，所以不应一味苛求课后即时评价。对教师来说，所谓的教学风格主要也是运用教学方法的相对固有模式，这种模式不在于让每一次教学活动都感受深切，一定有所变化，有所改进，风格是在一届又一届的学生事后评价中产生的。

第二章　高校教育教学的基本原则

第一节　高校教学原则新探

本节内容从我国新时代高校教学的视野，对科学性与思想性相结合原则、启发性与创新性相结合原则、专业性与综合性相结合原则、理论与实际相结合原则、教学与科研相结合原则等高校的几个基本教学原则做探讨，彰显高校教师做好教学工作的一些新意蕴。

高校教学原则，是指高等院校教师从事教学工作必须遵循的基本要求。它是根据高等教育的目的、任务和教学规律提出的，是高校教学实践经验的概括和总结。

我国高校的教学原则，是根据我国的教育方针、高等教育的任务和高校的教学规律，批判地继承了古今中外的高等教育遗产，特别是在总结了我国社会主义高校教学实践经验的基础上提出的，对我国高校教学实践具有积极的指导作用。高校教师正确贯彻教学原则，是全面完成高校教学任务，提高教学水平和教学质量的重要保证。

高校的教学规律是客观存在于高校教学过程之中的内部诸要素的本质性联系。高校教学规律的作用一般是通过教学原则对教学现象的本质解释来体现的，而高校教学原则是高校教学过程客观规律的反映。它是人们在认识高校教学规律的基础上，根据一定的社会教育目的和高校的教学任务，经过一定的理论加工而提出的高校教学工作的基本要求。高校教学的基本规律，主要有:专才教育与通才教育统一规律、间接经验与直接经验统一规律、掌握知识与发展能力统一规律（教学的发展性规律）、传授知识与思想教育统一规律（教学的教育性规律）、教师主导作用与学生主体作用统一规律等。

目前，在我国《高等教育学》中关于教学原则的名称、数目及其体系，还没有完全统一的意见。不过，在我国高校教学工作中具有广泛指导意义的、确实被公认的和体现时代性的教学原则，主要是科学性与思想性相结合原则、启发性与创新性相结合原则、专业性与综合性相结合原则、理论与实际相结合原则、教学与科研相结合原则等。本节试图从我国新时代高校教学的视野对这几个教学原则进行探讨。

一、科学性与思想性相结合原则

科学性与思想性相结合原则，是指我国高校教学要以马克思主义为指导，坚持社会主义人才培养方向，向学生传授科学知识，并结合知识教学对学生进行德育，以完成立德树人的根本任务。

我国高校教学的科学性与思想性是辩证统一的。高校教学的科学性是思想性的基础，思想性是科学性的内在属性和重要保证。这一原则是高校教学的教育性规律的充分反映，是高校培养"德、智、体、美、劳等方面全面发展的社会主义建设者和接班人"的必然要求，使高校立德树人的根本任务得以落实，体现着中国特色社会主义高校教学的根本方向和特点。

贯彻科学性与思想性相结合原则的基本要求:

（一）高校教学要确保科学性，向学生传授知识

高校教学的科学性，是指高校教师向学生"传道、授业、解惑"的知识内容必须是科学的、正确无误的。为了便于学生理解教材知识，教师授课力求通俗易懂、生动形象，打比方、举例子、看视频或者为了开阔学生学习眼界，向他们介绍不同的学说和观点都是需要的，但要保证科学性，不要

庸俗化、低俗化和极端化，更不能有违背国家宪法和法律的言行，不能向学生传播错误的思想观点、内容。此外，教师一旦发现自己的授课中有错误，要及时纠正。

（二）高校教学要贯穿思想性，对学生进行德育

高校教学的思想性，是指高校教学中内在的能够对学生思想政治道德品质产生影响的特性。在整个教学中，教师要根据不同学科课程的特点对学生进行德育，充分发挥高校教学"立德树人"的教育性作用。从内容上，德育包括以下几个方面：一是理想信念教育，包括马克思列宁主义、毛泽东思想、邓小平理论、"三个代表"重要思想、科学发展观、习近平新时代中国特色社会主义思想等方面教育。二是社会主义核心价值观教育，引导学生树立正确的世界观、人生观和价值观。其中，高校教学要引导学生牢牢把握"富强、民主、文明、和谐"作为国家层面的价值目标，深刻理解"自由、平等、公正、法治"作为社会层面的价值取向，自觉遵守"爱国、敬业、诚信、友善"作为公民层面的价值准则，将社会主义核心价值观内化于心、外化于行。三是中华优秀传统文化、革命文化和社会主义先进文化教育，弘扬民族精神和时代精神。从形式上，德育包括以下几个方面：一是高校思想政治理论类课程教学，要充分释放对学生直接进行德育的强大作用，让学生用习近平新时代中国特色社会主义思想武装头脑。二是高校其他人文社会科学、自然科学类等课程教学，要积极挖掘不同学科教材的思想性，在教学中对学生渗透德育。例如，文学、历史学、艺术学等学科类课程教学，要充分利用其蕴含的丰富德育因素（如"爱国、敬业、诚信、友善"），潜移默化地对学生进行德育；理学、工学、农学、医学等学科类课程教学，要强化对学生进行爱国主义情感、科学精神和科学态度等方面的培养，促进学生树立勇于创新、求真求实的思想品质，以达成德育目标。

（三）高校教师要不断提高自身的专业水平和思想修养

高校教师要不断钻研业务，不断提高自己的专业水平（专业知识、能力等水平），养成严谨治学的科学态度，形成科学的世界观和方法论，并运用教材内容，指导教学实践。同时，高校教师要以德立身、以德立学、以德施教，不断提高自己的思想道德修养，充分利用自己对学生潜移默化的影响作用，结合所教学科的特点、创造性地对学生进行思想政治道德教育。只有这样，才能保证高校教学的科学性与思想性相统一。

二、启发性与创新性相结合原则

启发性与创新性相结合原则，是指高校教学要充分发挥教师主导作用和学生主体作用，"注重学思结合"，调动学生学习的主动性、积极性，激发学生的积极思维、创新思维，促进学生在融会贯通地掌握知识的同时，培养创新精神和创新能力。

高校教学坚持启发性与创新性相结合原则，目的是为国家"培养具有社会责任感、创新精神和实践能力的高级专门人才"。

贯彻启发性与创新性相结合原则的基本要求有如下两点：

（一）高校教学要调动学生学习的主动积极性

在高校教学中，教师要充分调动学生学习的主动积极性，包括学生的学习动机、兴趣等。这是学生学习的内在动力，是学生学习主体作用发挥的首要条件。同时，针对部分学生学习目的不明确和责任感不强的问题，教师还应对学生的学习目的、态度等方面进行启发引导教育，增强学生学习的责任感和使命感。

（二）高校教学要激发学生的积极、创新思维

孔子说"不愤不启，不悱不发"①。启发的关键在于创设一种问题情境。学生的积极思维和创新思维常常是由问题情境而引起的。高校教师要根据课程的教材特点和学生的学习实际，在教学过程的各个环节，考虑如何从教学的重点、难点来创设问题情境，以激发学生的积极思维和创新思维，并采取具体的措施实现。例如，教师授课时要启发学生敢于对某些已知事物产生怀疑而再思考；敢于否定某些自己一向认为"是"的事物，通过再认识，发现其中的"非"；能进行"由此及彼"的思考，朝着前向、逆向、纵向、横向发散思维；发扬教学民主，开展课堂讨论，鼓励学生各抒己见；在实验（实训）中引导学生创造性地设计、报告等。这样进行教学，有利于培养学生的创新精神和创新能力。

高校教学的启发性、创新性要以学生掌握知识为基础，并同步发展学生学习的认知能力（观察、记忆、思维、想象等能力）、探索能力和实践能力等。同时，教学要"注重因材施教"，关注学生不同的特点和个性差异，发展每个学生的优势潜能和创新能力。

教学要有创新性，就需要教师有创新意识。今天我国政府和高校都很强调创新，但高校教师做研究真正凭好奇心驱动的很少，而好奇心更能驱动创新。创新教育不只是重点高校的事情，也是高职、中专、技校的事情，它们也有能力培养学生的创新技能。同样，创新教育也不只是优秀学生的事情，每一个大学生都有创新潜能，只不过很多学生的潜能还没有发挥出来罢了。

三、专业性与综合性相结合原则

专业性与综合性相结合原则，是指高校在实施专业教育的教学过程中进

---

① 该句出自孔子《论语·述而》："不愤不启，不悱不发。举一隅不以三隅反，则不复也。"释义为不到学生努力想弄明白，但仍然想不透的程度时，先不要去开导他；不到学生心里明白，却又不能完善表达出来的程度时，也不要去启发他。

行综合化教育。这是反映高等教育本质特征的教学原则。

高等教育是教育，以培养学生将来从事某种专业（行业）工作为目的，也就是为社会培养各级各类的高级专门人才。

当前我国高校实施的专业教育是根据学科领域（如本科教育 12 个学科门类、高职教育 19 个专业大类）和社会行业（职业）部门的分类而设置专业的，其教学组织单位为院（系）等。高校的教学过程主要是围绕着专业而展开的，并且随着学生年级的升高，教学过程中的专业理论知识的传授和专业技能的训练所占的比重也越来越重。

高校实施的专业教育是现代科学发展高度分化和社会分工的产物。同时，科学发展的高度综合和社会分工的整合趋势，对高校人才培养提出了综合化的实然要求。高校教学的专业性和综合性相结合，为社会培养专业知识扎实、综合素质高、实践能力强的高级专门人才，这也是高校教学"专才教育与通才教育统一规律"的集中体现。

贯彻专业性与综合性相结合原则的基本要求：

（一）高校教学要扎实进行专业教育

我国高等教育（学历教育）应当符合的学业标准是：第一，专科教育应当使学生掌握本专业必备的基础理论、专门知识，具有从事本专业实际工作的基本技能和初步能力。第二，本科教育应当使学生比较系统地掌握本学科专业技能的基础理论、基本知识，掌握本专业必要的基本技能、方法和相关知识，具有从事本专业实际工作和研究工作的基本能力。高校本科、专科（高职）的各种专业培养方案（教学计划）、各门课程和各个教学环节，都要根据上述标准扎实地进行专业教育，提高专业人才培养质量。

（二）高校教学要适切进行综合化教育

我国高校教学在专业教育中进行的综合化教育可分为两大类型：一是通

识课程贯穿于大学生的四年或三年学业之中进行。二是通识课程集中于大学生一年级和二年级的学业之中进行。从中培养大学生的人文、科学（科技）等方面的综合素质，也夯实了大学生专业学习的基础。还有的高校是按学科大类进行的综合化（复合型）教育，即某一学科门类的综合化教学。

当前值得审视的是我国部分高校教学在推进综合化教育中，存在着学科专业教育及优势被弱化的突出问题。对此，我们很需要回归大学之道——遵循高等教育的人才培养规律，大力重塑高校的学科专业教育，也就是高校教学在以实施学科专业教育为主的同时，切实地进行综合化教育。

例如，我国首批"双一流"高校的建设，是建立在一流学科的基础上的。无论是一流高校还是一流学科，都突出了学科建设的要求。即便是双一流大学，也都需要落实具体重点建设学科。这些在本质上都是在引导高校审视自己的优势与特色，而不是什么专业学科都去做、都去建设，这显然是对过度综合化的一次调整，是对高校的重新塑型。

四、理论与实际相结合原则

理论与实际相结合原则，是指高校理论知识教学要联系实际进行，"注重知行统一"，引导学生从中去理解和运用知识，从而学以致用和培养实践能力。

理论与实际相结合原则反映了我国高等教育目的（方针）的要求和教学的间接经验与直接经验相统一的规律。学生学习的理论知识，主要是间接经验、书本知识，是人类的已知真理。这就要求教学要注意理论联系实际，防止理论与实际脱节。

贯彻理论与实际相结合原则的基本要求有如下两点：

（一）高校教学要联系实际传授理论知识

高校教师在传授理论知识时，首先要讲清基本理论（理论知识的重点、难点），同时还要讲清产生这些基本理论的实践基础和这些理论的实际运用。因为各门学科课程的特点不同，所以教师授课联系实际的内容、方法也不同。教师对理论知识的传授，要联系的实际有诸多方面，如学生的知识、能力、思想实际，科学知识在经济建设和社会发展中的运用实际，科技特别是高新科技的运用实际，等等。

（二）高校教学要加强实践性环节及训练

高校教学的理论联系实际要通向生产（产学研）、社会实践等，通过课堂讨论、案例分析、模拟、实验、实习实训、社会实践、毕业论文（设计）与综合训练等环节让学生参加教学实践性活动，达到印证理论、应用理论去分析、解决实际问题和培养实践能力的目的。

高校教学为了加强实践性环节，课堂讲授应当"少而精"，重视知识的简约化、结构化，让学生重点掌握本学科、本专业必需的基础理论、基本知识和基本结构（方法）；要构建高校课堂讲授与实践（实训）整合化的教学模式，更加重视大学生学习本专业必要的基本技能、实践能力和就业创业能力的培养及训练。

同时，高校应通过校际联盟、校企（行业）合作等途径来助推实践性教学的实施。例如，2017年由广西大学发起成立、全区34所高校加入的"广西高校新工科研究与实践联盟"，提出聚焦广西发展战略重点，面向当前和未来产业发展需要，主动优化学科专业布局，促进现有工科的交叉复合、工科与其他学科的交叉融合。高校要突破"围墙思维"，主动对接地方经济社会发展需要和企业技术创新要求，深化产教融合、校企合作、协同育人；要增强学生的就业创业能力，培养大批具有较强行业背景知识、工程实践能力、胜任行业发展需求的应用型和技术技能型人才。

最后，要强调的是，高校教学的理论联系实际，必须正确认识教学中理论与实际的辩证统一性，既要防止理论脱离实际的教条主义，又要防止以实际代替理论的经验主义。当前，我国部分地方普通本科高校向应用型发展的教学改革尤其要警惕经验主义。

五、教学与科研相结合原则

教学与科研相结合原则，是指高校把科研引进教学，培养学生的科学精神、科学态度、科学方法和科学研究能力。这是反映高校教学特殊性的教学原则。

19 世纪初，德国的洪堡提出了具有划时代意义的大学理念："通过科研进行教学"和"教学与科研统一"，并在他创办的柏林大学付诸成功实践。从此，这一理念成为世界各国大学普遍推崇与共同遵守的原则。

当今，我国本科院校与高职高专院校的人才培养层次虽然有明显的区别，但科学研究作为高校人才培养的有机组成部分，则是所有高校人才培养教学过程的共同属性。它反映了高校教学过程的特点和规律，也就是"教学与科研的结合渗透在高等院校教学过程的一般形态中"，以适应新时代中国特色社会主义建设对创新人才培养的客观要求。

贯彻教学与科研相结合原则的基本要求：

（一）高校教学和科研要全程性融合

从其活动的过程来说，一方面是高校教师将科学研究的宗旨、方法、手段和成果体现于教学过程的各个环节，实现教学过程的科研化；另一方面是高校教师将教学目标、内容、环节等结合到科研过程之中，实现科研过程的教学化，从而达到"教研融合"。在高校教研融合过程中，教师要尽早引导大学生参与科学研究。国内外教育实践表明，大学生早期参与科学研究，既是培养创新人才的重要途径，也为促进学科发展和提升科研水平提供了生力军。大学生参与科研不仅给教师带来启示和反思，有助于促进教师科研和教学水平的提升，而且也直接促成了研究成果的产出和学科建设水平的提高。在国内外高水平高校中，大学生通过参加科学研究和技术研发取得创新成果（如发表高水平论文、申请发明专利、研发实用系统、社会调查咨政等）的事例并不鲜见。

从其活动的途径来说，可以从以下几个方面做起：一是结合各门课程的教学，尤其是专业课程和提高性的选修课程，在经常性的各种教学活动中实现同科研的结合。教师把最新的科技信息和科研成果引入教学中，如中国科学技术大学"把课堂设在科学研究最前沿"。又如，教师在中医学类专业教学中向学生介绍中国药学家屠呦呦获得诺贝尔生理学或医学奖的巨大科学成就——《青蒿素的发现：传统中医献给世界的礼物》；教师在物理学、天文学专业教学中引导学生注视美国科学家对"引力波"的最新发现等。教师在教学中如能向学生呈现在一些科学技术上和新时代国家建设中亟待解决的难点问题或者重大问题，对于引发学生的科学探究和创新意识、培养学生的科研志向是很有裨益的。二是通过课程论文或设计、毕业论文或设计以及某些为培养科研能力而开设的课程，如文献检索、科学研究方法等课程实现同科研的结合。三是结合教学，组织学生参加学术、科技、生产、社会调查及"三下乡"服务等实践活动，也是有效的科研训练方式。这种教学与科研融合化的模式，对于学生来说有利于加强专业基础、拓展知识面和提高创新能力，尤其有利于培养科研能力、科学精神、科学道德和科学方法，不断提升人文和科技素养，增强为新时代中国特色社会主义建设做出贡献的使命感和责任感，也为学生的自主创新发展和可持续发展奠定基础。

（二）高校教师要提高科研水平和能力

高校教师要一手做教学，一手做科研，也就是"教研相长"——"结合教学做科研，以科研促进教学"。教师在教学中，只有坚持不懈地做好科研工作，才能提高自身的科研水平和能力，并促进教学水平和质量的提高。教师只有做好科研工作，才能不断地将自己研究的新成果体现在教学内容中，才能真正实现"教学与科研统一";教师也只有有了足够的科研经验,才能更好地指导学生的科研活动。

例如,河北农业大学的几代师生以科教兴国、科教兴农为己任,从农林学专业理论知识教学的实际出发,创新实践教学路径,走出校门、走向农村、走进农民,服务"三农",长期扎根山区,"把论文写在太行山上",综合开发太行山,走出一条科研进山、振兴贫困山区的"太行山道路",让科研成果转化为农民沉甸甸的收获,为贫困地区群众脱贫致富做出了突出贡献。

李保国教授是河北农业大学优秀教师中的杰出代表。李教授毕生躬耕太行,30多年里先后在贫困山区推广36项实用技术,累计应用面积达1826万亩,培育农业科技人才千余人。丰硕成果的背后是艰辛的付出。单是土质治理,李教授和他的团队就整整研究了十几年……他被同事和学生誉为"太行新愚公","把最好的论文写在了太行山上"。尽管每年在太行山区"蹲点"半年多,他仍然承担着校内不小的教学任务,尤其是他一直坚持给本科生上课。不管外出多远、时间多紧,他总能及时赶回学校,没有耽误过一节课;为了激发学生学习的积极性、创造性并促成学以致用,他甚至把课堂搬到山上,在果园里给学生上课。学校教务处的同事说:"我们都知道他很忙很累,但他坚持要求排满自己教本科生的课程。他说教授给本科生上课很重要,能帮助学生从一开始就爱上农林专业。"

上述关于高等院校的几个教学原则都有各自的科学依据、内涵和作用,从不同方面对高校教师的教学工作提出了基本要求。但这些教学原则又是相互联系、相互作用的,是一个有机统一的整体,不能孤立地看待任何一个原则。高校教师在教学工作中既要把握教学原则的精神实质,又要重视把握教学原则的整体功能,全面地加以贯彻,创造性地综合运用,以提高教学水平和教学质量。

第二节　现代高校教学制度的价值理念与创新原则

制度建设与实践创新作为高校教育教学和人才培养质量的重要保障，是尊重高等教育规律、培养学生创新精神和实践能力的需要，也是办人民满意教育、建设创新型国家、构建和谐社会的需要，现已成为高校教学改革的重要研究领域。高校教学制度创新的供给侧亟须更新，以适应诸多需求带来的巨大挑战。分析教学中存在的制度问题，探讨教学运行、教学管理、教学服务的理念基础、价值精神和创新原则，有利于健全立德树人落实机制，扭转不科学的教学保障与评价导向，建构培养德智体美劳全面发展的人才培养体系。

制度一般指要求大家共同遵守的办事规程或行动准则，也指在一定历史条件下形成的法令、礼俗等规范或一定的规格。教学制度作为一种特殊类型的制度，与一般的社会经济、政治制度本质上是一致的，都是一种规范体系。制度的制定是为更多的人创设适应有效教学的制度环境或者教学环境，也是对少数不当教学行为的约束和限制。良好的教学制度能够保证教学活动按照预期的方向顺利、有序进行。教学制度是提高教学质量的关键环节，分析教学中存在的制度问题，探讨教学运行、教学管理、教学服务的理念基础、价值精神和创新原则，有利于建构创新人才培养的保障机制。

一、现代高校教学制度构建存在的问题

高等教育的发展已经实现精英教育向大众教育转变，教育的规模与数量发生了翻天覆地的变化。高校教学制度的建立和完善变得越来越困难，一方面，高校之外的学习变得越来越简单，途径也越来越多，在很多专业领域，维基百科、TED 视频、应用程序、在线课程、论坛、聊天室迸发出来。

智能学习系统的开发和应用在高校教学中也非常常见。相比传统教学，在线课程、混合课程几乎建立在完全不同的原则基础之上，学习时间更自由，教学材料更丰富，内容被切割成更多的小块。这些都鼓励了那些学习自觉性更高，对教师、辅导员、教学管理人员依赖甚少的学习者，网络、电子资源成了他们学习的重心。在斯坦福大学的一门慕课中，来自全世界的400名学生完成得比斯坦福大学最优秀的学生还要好。换言之，斯坦福大学最优秀的学生被一帮自学者打败了。另一方面，教学制度中的评价系统也正在发生变化。可汗学院在提供与教材匹配的在线课程的同时，通过数据控制器检索所有学生，获取大数据信息。学生的网上行为被一一记录，时长、频次、作业完成时间、反馈及时性等，有助于帮助教师全面把握学生的学习成效。姑且不论数据分析器是否存在道德考察和伦理考量，学生和教师确实在此评价系统中受益，对于看得见的提高，师生皆大欢喜。学生的学业表现被网络公示后，激发了学生更用心的创作。这些变化都弱化了教师教学管理者的作用，也弱化了传统教学制度的功能。在高度解析化的社会，传统教学制度面临土崩瓦解的危机，我国教学制度改进的理论和实践应对表现出滞后性。

我国已经成为世界上高等教育规模最大的国家。截至2023年6月15日，全国高等学校共计3072所（未包含港澳台地区高等学校），其中：普通高等学校2820所，含本科院校1275所、高职（专科）院校1545所；成人高等学校252所。我国正在快速迈向高等教育普及化阶段。新一轮科技革命和产业变革扑面而来，新产业、新技术、新业态、新教育正迎接新的未来，国家创新发展和产业升级对人才的迫切需求前所未有。人才培养的政策环境与制度保障面临着更高要求和巨大挑战，然而，制度建设需要的理论支撑、人才支撑、平台支撑依然相对不足，供给侧结构已远远不能满足教育需求侧结构的需要，尤其是不能满足当前高校人才培养的需求。

（一）教学制度创新的理论支撑及科学化不足

我国现代教学制度除从古代《学记》等经典教育典籍中获取外，主要来自国外高校教学经验，大多从美、英、俄、日、德等教学发达国家引入，但结合我国本土高校、立足本土思维的制度理论研究缺失，而国外的教学制度在我国高校试用和探索阶段容易出现"水土不服"和"走弯路"的状况。有限的对大学教学制度进行研究的著作和论文，大多探讨教学管理的基本流程、制度建设的常识性知识和操作性程序，而缺乏系统化的理论研究。多数学者从工作需要的角度出发，强调教学及管理的操作性层面革新，集中在组织制度和激励制度等方面进行探讨，理论深度不够，尚未形成全面的教学制度研究框架。部分高校教学制度建设一直处于探索阶段，其研究未受到足够重视，难以形成规则体系，经验管理痕迹依然很重。

（二）教学制度建设的研究组织和平台发育不充分

现代大学已经加快了科学研究、科研发展的步伐，很多高校设置了高等教育研究处、发展规划处、发展研究中心和相关研究室等机构。相比而言，教学的制度建设、制度研究、制度实践本应由参与教学活动的群体共同负责的工作被片面地看作是教学管理部门的职责，教务处既是制度研究主体，又是制度执行主体，没有形成全校多元研究和教师群体共同关注的研究对象。很多学术造诣高的教师、研究型的科研组织很少关注教学质量和相应制度的建构，对教学及其教学保障相关制度的热情明显低于对科研成果的追逐。这也使得教学制度研究深度不够。伯尔曼指出："一项制度要获得完全的效力，就必须使人们相信制度是他们自己的。"[①] 高校需要吸纳多元利益相关者共同研究教学制度，多元共建的制度是"经得起重新谈判的考验"的教学制度。

---

① 这句话出自美国社会学家尼尔·伯尔曼（Neil Smelser）的著作《社会学的使命》（*The Mission of Sociology*）。伯尔曼在该书中强调了社会学的使命和作用，并提出了一些关于社会学研究的思考和观点。这句话强调了一个制度要想获得完全的效力，需要让人们相信这个制度是他们自己的，即需要获得人们的认同和支持。

（三）教学制度改革创新的路径创新不够

教学制度需要适应人才培养，尤其是创新人才培养的现实需求。受"路径依赖"和传统行政化思维的影响，集权式的制度生产方式，往往缺乏制度生成的创新路径，使得高校教学管理制度存在制度适应不良，忽视教育教学和高校教师身心的特殊性，难以有效培养高校教师良好的教学行为。当前，制度的文本数量已经超越了以往的任何时期，高校通过制度的刚性和约束作用，适应了管理的需求，却忽视了育人的保障作用。制度控制的刚性容易导致教学管理制度的非理性增长。控制代替了激励，教师会有消极的情绪，学生会产生逆反心理。良好的管理应当"既有纪律，又有自由；既有统一意志，又有个人心情舒畅"，在教学管理的制度生成和过程执行中，需要创新更多的制度生成路径和实施路径，让控制与教学自由之间达到一种平衡，刚柔相济，统而不死，放而不乱，既要有教师和学生的接受度，又要让师生在育人过程中充满获得感。

（四）教学制度创新的方式方法单一陈旧

高校教学人员作为具有主观能动性的"理性经济人"，他们的教学行为选择要受到个体情感需要和物质利益需求的影响。制度设计需要从分析主体、时间、空间、文化、心理等因素入手，掌握并运用有效的基本方法，对教学习惯或已有条件进行更新。然而，由于制度依赖和惯性思维的影响，任何变化均需要付出相当大的工作量，甚至会因为调整一定的利益格局，使得制度创新往往成为费力不讨好的实施。经久不变的陈年旧法即便大众都知道有问题、有漏洞，但由于制度创新的方式方法单一陈旧，很难提出建设性的创新方式方法，难免会造成主观主义和命令主义的错误倾向，不易及时把握教师和学生的感情，造成激励无效，影响师生教学的积极性和教学绩效。制度之间的衔接也缺乏相应的机制，因而要选择适当的方法，并有效组合，从而达到事半功倍的效果。我国高校教学制度建设大多采用借鉴历史、整合其他高校教学制度为自己所用的方式，具有局限性、稳定性和不确定性。

二、高校教学制度建设的价值理念

历史制度主义认为制度是一种"连续的结构"，社会学制度主义认为制度是"文化规范"和"认知框架"，高校要理性选择符合学校教学实际的制度框架文本，把制度建设成"规则的集合"。目前，保证教学质量和提高教学水平已成为高等教育改革的主要内容。前者是由大学内部功能定位所决定的，后者是由人才竞争中的市场决定的。在加强高等教育教学改革研究的同时，推进教学管理制度建设，克服制度建设的顽疾，发挥制度建设在管理、评价、诊断、反馈中的积极作用，切实解决高校人才培养中的实际问题，为教学改革提供良好的制度环境，已是不容忽视的问题。通过制度的设定，逐步转变教学思想、教学内容、教学方法等内容的人性观、教学观和管理观，树立高校教学管理制度建设的新理念，是推进和切实保障教学改革的重中之重。

（一）坚持立德树人的理念

德为才之资，树人先立德。高校具有人才培养、科学研究、社会服务和文化传承四大功能。人才培养是最核心、最根本的功能，贯穿于其他各项功能之中。高校作为高素质创新人才培养的重要基地，要准确把握立德树人的深刻内涵和实践要求，并将之贯彻到人才培养全过程、全体系和全环节之中。未来世界的竞争，归根结底是人才的竞争、科技的竞争，特别是创新人才的竞争。人才培养的质量提升取决于三方面的因素：观念、制度、人才。"观念形成现实，历史是观念的竞争而非利益的竞争。"管理观念的来源主要是管理对象即人性假设的发展演变，从以控制奴役为主的"宗教人"发展到以管理效率与技术取向为主的"经济人"，再到如今以知识创新与资源增值为主的"知识人""创造人"。高校建设和改革的基本出发点是"以人为本"，落实立德树人的根本要求，准确把握高等教育的基本规律和人才成长规律，让学校所有工作都能真正回归常识、回归本分、回归初心、回归梦想。高校要在全校上下统一"以人为本"理念中对教师和学生的人性假设，现代高校师生首先是具有知识水平、探索能力和创新精神的"学术人"和"知识人"。高校"办学以教师为主体，教学以学生为中心"，归根结底管理制度的设计是"为人"服务，应切实加强制度的"为人性"和"育人性"。

（二）全面协调与可持续发展理念

人才的培养是全面发展的人才培养。当前，基础教育负担重，高校学生的负担相对较轻。制度的"普适性"要求制度设计必须统筹兼顾、综合协调，而教学制度的指向性则要求制度设计在人才培养过程中应充分适用，切实扭转当前评价的四唯倾向（唯论文、唯职称、唯学历、唯奖项），建立科学、合理的多元评价机制。从现实来看，当前高校效益来源还有很大一部分依靠学生学费收入。部分高校存在扩大招生规模的情况，但是缺乏注重质量的理性。高校应使规模与质量相互匹配，在制度设计上促进规模、质量、结构、效益协调发展，正确处理和保障教学与科研的协调关系，以科研带动教学，以教学促进科研；改善师生交往关系，从以教师为中心转向以学生为中心，"学生中心、持续改进"，充分对话交往，发扬教学民主。

（三）质量优先与质量保障理念

质量优先是质量时代的产物，强调高质量发展，意味着人才培养的高质量供给、高质量需求、高质量资源配置、高质量投入产出。教学管理的质量既包括教学质量、人才培养质量，又包括公平道义的关注以及制度文化建设等。质量是制度建设优劣得失的重要指标，把握和关注这些质量要素是良性制度建设的前提。教学制度作为教学工作的重要保障，是对学生学有所得、学有所成的全面负责。我们所说的质量是全面发展的质量，其维度是立体、多元和动态的，而不仅仅是指知识质量。高校要建立健全具有参与性、公开性和透明性的各项工作制度、管理制度和评价制度，使学校的质量精神成为全体师生共同遵守的行为准则，自觉为学校的质量目标和质量方针的实现而努力。

三、高校教学管理制度建设的创新原则

关于制度的形成，薇安·施密特（Vian Schmidt）提出了一个强大的"观念性逻辑概念"，即制度形成的根本动力来自观念，其直接动力是基于观念而生成的话语。高校教学管理制度需要根据人才培养目标和规格要求，尊重传统又不拘泥于传统，将适度的维持与适度的创新进行组合。高校教学制度的创新：一是有赖于主体的自觉和理解，尊重制度的规范作用和引导作用，承认制度的价值并自觉遵从和执行。二是有赖于内生需求和动力，制度建设本身追求"健全和完善"，力求理性与德行相统一，追求制度的理性和张力。三是有赖于周期性的等待和坚守，如万物有周期，制度的优劣得失需要时间检验，也需要时间去被认知和被认同，在改革与坚持之间应当有静待花开的耐心，避免制度建设一直处在变动之中。因此，我国高校教学管理制度建设既要有辩证的思维，又要有科学的理性，追求创新又坚持原则。

（一）继承与创新相结合的原则

管理的核心内容是在现有管理效能基础上有所提升，维持是基础，创新是方向。维持是保持现状，是求变、创新、发展的基本和载体。制度的发展需要保存制度的延续性和稳定性，否则就会让制度环境不可捉摸，主体也会显得无所适从，使得教师和学生容易在人才培养的努力中缺失参照和方向。尊重传统制度的管理优势，运用现有教学管理的优秀经验，尊重现有运行模式，将经验管理进行科学化转化的一个必要环节就是教学管理经验的制度化、标准化和专业化。教学单位和相关部门需要改革教学管理制度，一方面，

要正确对待"破"和"立"的问题,将谨慎推进和大胆创新相结合;另一方面,也必须承认,创新毕竟是一个过程,既非流行的口号,也非终结的目标。高校在创新的过程中必须充分考虑大学人才培养的实际,把握办学和教学的规律,仔细思考部分制度"维持"和坚守的意义,既不能不顾办学规律蛮干,又不能墨守成规、故步自封;不能为创新而创新,又不能不顾办学实际,完全否定延续的制度体系。大学制度创新需要在局部突破时牢牢把握住对其他部分的维持,创新是维持基础的发展,维持是创新的逻辑延续。

(二)制度建设与实践创新相结合的原则

教学管理制度不是固化的文本形式。创新的前提是调查研究和理性思考。创新是一个逐渐完善、螺旋上升的过程,是在规范基础上的创新。制度建设始终是规范层面的东西,必须通过不断的实践探索、科学创新才能把制度建设中的相关思想落实到具体的实践中。通过实践的创新探索,不断总结经验,又为进一步的制度建设提供了有力佐证,并为丰富制度体系奠定了基础。教学管理制度的变革性和创新性已经在人类教育活动实践中有所应用,将继续成为一个生机勃勃的规范体系。要保留制度中富有成效、合理的内容,实现教育的可持续发展,必然要有制度建设的创新精神和勇于实践探索的精神。

(三)整体把握与细节处理相结合的原则

教学管理制度是一个复杂的制度系统,在设计制度时要充分把握全校教学工作的整体框架,面向全体教师和学生,关注教学的所有环节与基本条件,从整体把握教学管理的内容体系;同时又要重视制度设计的论证,充分考虑具体制度细节的可操作性与可测量性,确保制度运行合理有效,既全面管理又重点把握。细节处理是整体把握的必要保障,在整体中注重细节,在细节中体现整体。制度的建设和完善需要充分考量决策层、执行层、监督层的彼此衔接,在不同的制度体系中,还需要注意交接界面的细节把握,既要注重制度体系中的内部环节的一致性和有效性，还要注重外部制度和内部制度的彼此呼应。教学制度与人事制度、财务制度、后勤保障制度之间也需要衔接和配合。

（四）民主与集中相结合的原则

随着信息时代的到来，人与人之间越来越透明，教学行为也越来越被可视化和可量化。教学制度中既要充分尊重决策的强推进性，同时也要注重师生个体在教学行为中的表现特征，注重师生在教学中的话语权与表达方式。集思广益和众筹智慧越来越为教学决策者所重视。数字化校园越来越受到重视，数字化、智能化管理普遍存在于教学过程之中，个体被行为数据分析得越来越透明，人与人的差异被解析得越来越透彻，用普遍的制度去约束或引导教学行为的难度越来越大，教学制度在创新和被创新中砥砺前行。

高校作为底蕴厚重的学术机构，是一个松散联合的组织系统，校院系及各学科专业之间在教学管理流程和方式上存在巨大差异。教学人员的情感机制和教学运行的复杂网络，也很难依靠统一、强硬的教学管理制度达到理想的管理效果。制度为了保障程序的公正、合法，需要随时关注这些"看不见的手"。与此同时，随着数字化社会的形成，诸多新兴技术正在倒逼高校教学改革，诸多以人为本的教学创新正在变成现实，其正向价值显而易见。教学创新和改革变成现实之后，高校仍需要提供更丰富的教学制度，寻找一种新的制度性结构与之相适应。高校教育教学改革面临教学方式、内容、方法和智能化技术手段的冲击、解析和解体，甚至包括教学组织形式的解体、教学制度的建设。在构建现代大学制度基础上，如何提高现代治理能力和教学管理水平，依然是个重要的话题。

第三节　高校教学管理如何贯彻以人为本的原则

高校是教育事业的主阵地，其教学质量的高低与社会的发展有着直接关联。高校教学管理作为高校管理工作的重点领域，需要贯彻以人为本的理念，这既是实现培养高质量人才目标的需要，也是教学活动正常开展的重要保证。在高校教学管理工作中贯彻以人为本理念应突出以教师为本、以学生为本，建设一支有人本理念的管理队伍。

一、以人为本理念与现代高校管理

"以人为本"的理念摆脱传统以物为发展中心的观念。传统的发展理念将物质财富的增加作为社会进步的物质标准，没有充分注重人的发展和人的自由度问题，出现了"见物不见人"的现象。"以人为本"打破了这一发展标准，把人的全面发展作为社会发展与进步的标准，更多地将人作为各项工作的中心，以追求更加和谐的社会关系。以人为本的思想是一种系统概括的思想，指导社会发展和管理各种事物，在不同领域有着不同的表现形式。对于高校教学管理领域而言，坚持以人为本思想的管理，就是以师生为主体，追求师生全面发展和自由发展，从师生的自我管理基础出发，按照教育的整体目标引导教育教学活动，通过组织师生的不断努力实现全面的自由发展的管理。

二、高校教学管理中贯彻以人为本原则的现实意义

高校教学管理是"建设、改革和管理"的有机融合，是通过一定的管理程序和管理手法对教学活动进行规划、组织、指导和控制，最终实现教学目标的过程，涉及内容广泛，是高校管理工作的重中之重。高校教学管理

贯彻落实以人为本的原则，确立以学生和教师为中心的管理模式，有利于激发学生和教师的学习工作积极性，有利于各项工作的开展，具有以下几个方面的优势：

有利于调动多方的积极性。高校管理涉及的三个最主要的管理因素，学生、教师和管理人员，组成了高校教学管理体系。以人为本的贯彻落实还需要更好地利用三者的关系，充分调动他们工作积极性和创造性，发挥更好的管理效果。高效的教学管理模式需要从招生注册开始，细化教学计划、教学过程、学籍管理等环节的框架，要符合实际、科学可行。以人为本的高校教学管理，只有做到以学生、教师和管理人员为核心，从人的利益角度出发，维护好、尊重好、实现好人的各种要求，得到人的认可，才能真正发挥管理体系的学习、工作热情。

有利于创新人才的培养。创新是发展的核心动力，没有创新也就没有新技术、新思想，发展也就失去了动力。以人为本的高校教学管理拓宽了创新人才培养的有效途径。学校就是培养创新人才的地方，全面发展、具有创新思维和创新能力的人才对于社会发展来说至关重要。以人为本的高校教学管理突出了创新意识教育，强化主观创新观念，不再束缚和限制个人的发展，以充分地发展自由刺激创新能力。以人为本的高校教学管理还转变了传统的人才观念，以更加符合时代需求的模式进行人才培养，摒弃陈旧落后的课程设计，增加现代化的内容，以新发展和新成果引导学生发挥主观能动性，提高创新能力。

有利于多层次的教学管理。教学工作是高校的基础工作，教学管理则是保证基础工作顺利开展的关键。以人为本的教学管理从制度上和规范上都与社会需求紧密结合，围绕科学管理体系健全了管理层次，进一步明确了具体的管理职责，使得教学过程的各个方面都能按照既定的方式进行，活动双方有了更强的参与性，提高了教学活动的质量，更提高了教学管理的效率。

三、高校教学管理中以人为本原则的具体要求

高校教学管理是一个庞大且复杂的系统，最主要的管理因素包括教师、学生和管理人员。高校的教学管理一个全面的系统，体现了以人为本的思想，管理对象相互关联又独具特色。高校教学管理以人为本的原则主要突出在以下几个方面：

高校教学管理要突出以教师为本。要在高校教学管理中突出以人为本的原则，就必须将以人为本的目标细化，明确具体的管理措施，把以人为本落到实处而不只是停留在理论上。在教学管理中，以人为本原则主要表现在以教师为本上。确定教师的地位并明确教师的职责，充分为教师着想，维护教师的根本利益。

贯彻以教师为本的原则，首先要在教学活动中肯定教师的指导作用。教学活动作为一种社会活动，具有改造客观世界的作用。在教学活动中，学生是教学活动的主体，教师起指导作用。想要突出以教师为本的原则，就要在教学活动中突出教师的导向作用，这个导向作用主要体现在教学内容、教学方法和教学组织的设计与实施中。

高校教学管理要突出以学生为本。教师在教学活动中具有主导作用，但是高校和教师同时也需要肯定和重视学生在教学活动中的主体作用。高校教学管理要坚持以人为本，要保证学生在教学活动中的中心地位不动摇，要处理好师生之间的关系，以达到最好的教学效果。

首先，学生是教学活动中获取知识的主体。在教学活动中，学生要学习新知识，掌握技能，提高思想道德品质，提升综合素质能力。所谓教学，教是为了学而存在的，教的效果直接体现在学生的学上，教学质量也就是学生学习质量，这一系列的活动都体现在学生转化知识的行为方式上，所以说学生在教学活动中有着不容忽视的重要性。如果在学习的过程中，学生始

终处于一个被动的地位，知识的转化过程几乎没有学生的参与，那么教学活动就不可能协调进行，学生也就得不到应有的发展。因此，在教学管理中，要明确突出以学生为本的原则，将教师的导学和学生的主体作用相结合，强调以教师为本的主导作用，同时也不忽略以学生为本的学习过程。相应地，如果学生不会学习，不主动地学习，教师采取的教学手段就得不到任何效果，也就无法突出教师的主导作用了。

其次，要注重教师与学生的互动过程。现代教学理论对教学活动中的师生关系有更加科学的观点。师生之间的沟通为知识的传递提供了一个良好的"桥梁"，双向调动了教师和学生的参与积极性。在与教师的沟通中，学生的主体地位充分体现出来，学生感受到自己受到了更多的重视，增强了学习的信心，建立了更高的师生信任度，有利于教师的教学手段达到预期目标。

最后，学生是充满活力的。学生在学习活动中主体地位的体现就是能动性，这个能动性极大地反映了学生的活力。在教学活动中，如果每一个学生的优点和特点都得到了表现，那么学生会感到自己受到了更多的尊重，从而激发出潜力实现更加全面的发展。学生的活力不仅体现在课堂上，还体现在课堂外的各项互动中，所以以学生为本更要注重学生的全面发展，自学能力的培养、创新意识的培养和实践能力的锻炼都需要在教学管理中得到落实，这样才能让学生行使选择的权利，使主动发展更加积极、更加全面。

高校教学管理需要一支有人本理念的管理队伍。由于受传统观念的影响以及专业知识的缺乏，部分管理者还没有真正树立服务理念，仍然重管理、轻服务，缺乏与教师、学生的沟通与交流能力。这种缺乏"人本管理"的理念既不利于激发师生的教学热情和内在潜能，也不利于管理人员在工作上创新，不适应现阶段高校改革和教学管理发展的需要。在高校教学管理中贯彻以人为本原则，还需要建设一支有人本管理理念、专业知识娴熟、具有一定的组织管理能力和管理协调能力的高素质管理团队。他们能结合当代高校教学实际情况发现问题并及时解决问题，有科学的决策能力，对高校教学活动有一定的调控功能，并且不断更新先进的管理手段和管理理念，以适应不同社会环境下的管理工作。

总之，在高校教学管理中，首先，要确立服务意识，服务于人才是真正将人作为工作发展的中心。其次，应给管理者提供发展空间与培训机会，使其能够学习科学的管理理念和管理手段与方法。最后，要明确管理目标，想学生所想，解教师所急，满足教学活动发展的各种条件，让师生在良好的环境中得到充分的发展。

第四节　基于教师专业化的高校教学质量监控原则

教师专业化与教学质量监控是教育实践研究中的热门与焦点问题，旨在厘清二者内涵，分析二者的相关性。经研究，高校教学质量监控应遵循以下三个原则：以上级要求为依据与以教师意见为参考相结合；动静结合，即进行常态化的相对稳定的量化考核与实施动态的评价过程相结合；宽严相济，即严格按照教学质量监控标准及程序实施评价测量与进行弹性管理相结合。

在高校系统的教育教学过程中，师资队伍质量是影响教育教学质量的关键。教学质量监控是保障教学质量达到预期目标的管理活动。高校在实施教学质量监控过程中，应避免因制度标准的统一性、程序性和不灵活性导致的阻碍教师专业化发展的弊端，充分发挥标准规范考核对教师专业化的引导与促进作用、实现高校以质量谋发展，以质量促发展的目的。

一、内涵阐释

（一）教师专业化

在我国，最早在 1993 年《中华人民共和国教师法》中规定"教师是履行教育教学职责的专业人员"之后，于1995年确立了教师资格证书制度，加强了对教师专业地位的确认，促进了教师专业化的发展。

教师专业化的内涵，因对其考察的视角不同而体现出差异性。对于高校教师发展而言，教师专业化是指教师通过传授学业知识实现良好的教学效果，使学生德、智、体、美、劳等全面发展，为社会培养合格人才。对于高校人才培养目标而言：一是体现为高校教师因具有丰富的专业知识而成为某一学科的专家；二是肩负着教育学生成为有用的社会人的重担，要培养学生正确的世界观、人生观、价值观。

基于以上分析，可以得出，教师专业化是教师在教育实践中持续进步的动态发展过程，不仅包含教师专业知识的不断学习与充实，也包含教师职业态度以及教育教学方法的持续改进，其核心体现为教师内在专业结构的改进与教学水平的提高。

（二）教学质量监控

教学质量问题一直是各高校关注的焦点。在我国高等教育大众化的形势下，教学质量监控问题受到越来越多高校的密切关注，不仅是研究的热点也是亟待加强的重要工作。教学质量监控指的是计划、评价、监督、反馈和调节的全面持续运行过程。高校依据上级教育部门的相关规定要求，制定相应的教学标准与规范，评价、监督教育教学过程的各个环节，包括对学生学的监控、教师教的监控以及教学管理过程的监控等全方位的监控。教学质量监控可以概括为以提高教育教学质量为目标，促进高校的教育教学工作按预期的计划进行，并最终实现培养目标的活动过程。

二、相关性厘定

教师专业化与教学质量监控在内涵上具有差异性，但二者也存在密切的联系。

（一）二者的关联性

从各自内涵看，教师专业化与教学质量监控针对具体的问题而呈现出差异性，但二者也存在密切的联系。首先，教师专业化与教学质量监控的最终目标都是提高教育教学质量。其次，二者的内涵相互包含，对教师教育教学进行评价是教学质量监控的重要内容。教师的专业化发展也是实现监控标准，提高教育教学质量的有效保障。最后，二者在运行过程中相互扶持，教学质量监控对教师教育教学行为制定了标准与规范，该标准与规范不仅是教师专业化发展的要求，也对教师专业化发展起到了引领作用。因此，教师专业化发展能够促进教学质量监控目标的实现，教学质量监控的实施也推动了教师专业化发展进程，二者相辅相成。

（二）二者的不适应性

教师专业化与教学质量监控的最终目标都是提高教育教学质量，具有目标一致性，然而，在教育教学过程中二者却体现出不适应性。一方面，教师专业化发展是动态过程，具有一定的规律。教师在发展的不同阶段，会表现出专业水准、专业理想等各方面的差异性。而教学质量监控却只能以制定出的较为优秀的教师的教学行为及效果作为评价标准。另一方面，由于高等教育本身的特点，学科知识具有复杂性，高校教师的专业知识、能力和素养会存在差异，高校教师在教育教学理念、方法、专业追求等方面会体现出一定的独特性。可见，教学质量监控在促进教师专业化发展过程中存在诸多不适应的环节。

三、原则分析

基于以上分析，在教学质量监控过程中应贯穿以考核标准为纲与以人为本相融合的理念，既要考虑质量监控标准与规范的制度约束作用，也要考虑教师专业化发展的动态性过程，在发挥教学质量监控规范作用的同时引导与促进教师的专业化发展。

（一）上下贯通

上下贯通原则主要是指以上级要求为依据与以教师意见为参考相结合。教育过程的复杂化致使教师专业化不是单一的过程，教学质量监控不仅要尊重上级部门，如国家、地方的教育发展政策与规划，制定高校的教育教学质量监控标准；同时，也要关注教师的感受和需求，在教学质量监控标准制定与实施监控过程中加强与教师的沟通，将教师在教育教学过程中的总结体会以及对教学质量改进的意见建议作为提高教学质量监控与管理活动的重要参考，从教学管理层面发挥教师对教学质量提高的重要作用。

（二）动静结合

动静结合原则主要是指进行相对稳定的常态化的量化考核与进行动态评价相结合。作为教学管理活动的教学质量监控工作必须以监控标准作为依据，考核标准的科学化和量化有助于考核的实施，并且考核标准要具有一定的稳定性，质量监控的实施也要形成常态化。然而，鉴于教师专业化的动态性与阶段性特点，其影响教学质量的重要因素不是仅仅依据程序化、量化的考核方式就能够测量与控制的。因此，在监控实施过程中应针对教师专业化的不同发展阶段，体现出评价的动态性特征以及教师的进步性特点。

（三）宽严相济

宽严相济原则主要是指严格按照教学质量监控标准、程序实施与弹性管理相结合。一方面，要严格按照相关政策文件要求以及高校办学实际，制定科学合理的质量监控标准规范，并实施严格的质量监控以保障日常教学的正常运行。另一方面，在对监控目标实施严格考核的基础上体现管理的弹性化。比如，对于教师按时上下课，按程序调停课，课程开课学时数以及开课学期等的监控要严格按照要求落实；对于教师因处在不同发展阶段所体现出来的专业知识、专业态度等的差异要区别对待。因此，教学质量监控应针对教师所处的发展阶段及整体工作状态，对高校教师实施弹性管理；在质量监控过程中考虑不同教师所处的发展阶段，对其教育教学行为进行差异化考核评价。

教师专业化是提高教育教学质量的基石，是一个不断趋于完善的发展过程。在教学质量监控的实践中，应秉承制度规范与人文关怀相结合的理念，消除教学质量监控对教师专业化发展的不利因素，提高教学质量监控对教师专业化发展的促进与引导作用，这也是广大教育工作者需要在实践中不懈努力与奋斗的目标。

第五节　高校创业教育课堂教学体系的构建原则

开展课堂创业教育是为了培养学生的创业意识、提高学生的创业能力、缓解学生的就业压力。创业教育的目标是培养人的创业思维、创业意识和创业技能等各种创业素质，课堂教学是高校开展创业教育的主要形式。本节通过分析我国创业教育课堂教学的背景和意义，提出改进我国高校创业教育课堂教学体系的基本策略框架，为高校更好地实现创业教育目标提供了参考。

一、创业教育课堂教学体系的现实背景

大学生毕业首先想到的是去何处工作或者继续深造，很少有学生会考虑自己是否可以创业。很多没有上过大学或者上学很少的人开始寻找创业方式，以更好地实现自己的人生目标，高校创业教育的缺失是这种现象出现的原因之一。我国高校的学生工作以就业为主，开展创业教育课程的高校相对较少，因此，学生很少有创业意识，即使部分学生具有创业意识，也常会被一些现实情况抹杀。这种现象既影响了学生的就业质量，对社会的

经济发展也产生了一定的负面影响。

高校培养人才的目标是适应经济社会发展的需要，为社会提供各方面的人才。高校不仅要提高学生的素质、增加学生的知识；还要培养综合型人才，加强学生的创业实践能力，这是高校提高人才质量和自身发展实力的内在要求。开展创业教育是经济社会发展的必然趋势。创业教育的目标是培养学生的创业基本素质。我国很多高校陆续将创业教育纳入学生的学习范围。创业教育的效果取决于创业教育体系的合理构建和实施。构建符合创业教育规律的课堂教学体系对完善创业教育体系和实现创业教育目标具有重要意义。

二、创业教育课堂教学体系的构建原则

建设合理的创业教育课程体系是创业教育的发展重心之一。构建课堂创业实践的目的主要是树立学生的创业意识，培养学生的创业能力，挖掘学生的创业思维，激发学生的创业兴趣。创业教育课堂教学体系的构建原则可以总结为"四个结合"。

（一）创业课程与专业课程相结合的原则

创业教育要与专业教育相结合，体现在课堂教学上就是创业课程与专业课程的结合。专业课程是指根据各学科的培养目标和要求开设的以专业理论知识和技能为主要内容的课程；创业课程是指为培养学生的创业意识和创业能力而开设的课程，如创业导论、创业管理、商业计划等。创业课程和专业课程的结合分为两个层次：第一个层次是两类课程在基础性和普及性上的结合和搭配，使学生既具有专业能力，又具备创业能力；第二个层次是两类课程在课程内容上的深度融合，将学科特点融入创业教育中，基于学科开发出具有专业特色的创业课程，如旅游创业、营销创业、科技创业等，将创业教育立足于专业技能之上，将专业知识渗透到创业教育之中。

在第一层次和第二层次的结合上可以将创业基础课程设置为必修课程，将创业专业课程设置为选修课程，因材施教。

（二）理论课程与实践课程相结合的原则

创业教育理论课程是指创业基础知识课程，通常有规范、完整的教学大纲和教学计划，是创业教育的基本功；实践课程是指对创业知识和创业技能进行综合运用的课程，紧紧地围绕着创业实际。高校应通过系统的理论课程和灵活的实践课程的合理配置，使学生深度理解和掌握创业基础知识，通过实践课程体验创业，将创业内化为自身能力，形成一个完整的创业教育体系，既向学生传授了创业知识和原理又培养了学生的创业能力。为使二者相互结合，要有创新的教学方法与之适应，教师在课堂教学中要以案例研究、创业者现身传教、创业模拟实训、现场体验和测试等为实践课程的依托；以问题为导向，通过教学互动、角色扮演等方式充分促使学生思考，调动学生的积极性；要特别强调案例研究，以精选的案例增加教学的鲜活性。

（三）第一课堂与第二课堂相结合的原则

创业教育的开放性、参与性特别突出，第一课堂和第二课堂是创业教育并行的两个重要环节。通过第一课堂的学习和训练，学生能够掌握系统的创业知识；通过第二课堂的创业活动，学生的专业创业技能能够得到提高。如举办"挑战杯""创业大赛""创业俱乐部""创业孵化""创业者巡讲访问"等活动，并整合教学、科研、学工、创业园、校友会等学校和社会资源，为学生提供富有实效、丰富多彩的第二课堂。

（四）创业知识与创业意识相结合的原则

创业教育的主要任务是传授创业的基本知识、方法和技能，更重要的是培养学生的企业家精神和素质。除了培养学生的创业能力，创业教育更基础性的工作是使学生拥有创业的心理特质和创新意识，使学生能够以企业家的视角思考和看待问题，具备商业思维。例如，英国根据功能作用将创业教育分为"创业意识""创业通识""创业职业"三种类型。创业意识的培养是向学生传递社会价值观念，塑造学生的商业观。校园文化具有培养学生创新观念和创业意识的重要功能，学校应通过政策制定和文化活动营造一种鼓励创新的宽松、自由的人文环境，允许失败、重视过程，在潜移默化中形成崇尚创业的良好文化，渗透到学生的创业意识中。

三、创业教育课堂教学体系的实施策略

高校应积极面对学生创业能力培养的各种障碍，寻找一条符合自身情况和特点的道路，改进办学定位和培养目标，重视创业教育的师资队伍建设，开设创业教育课程，改进课堂教学方法，为有意创业的学生提供一个良好的平台，构建和完善课堂创业教育实践教育体系。

（一）在课堂上树立正确的创业理念

创业首先要有理念上的创新，以理念上的创新为基础将其应用到实践活动中。具体到课堂创业教育体系中，高校要做到以下几点：一是以学生为本，尊重学生的人格，把学生作为教育目的的根本出发点，培养学生在德、育、体、美、劳等方面实现全面发展；二是面向全体，把创业教育融入培养人才的体系中，贯穿培养人才的整个过程，向全体学生全面、广泛、系统地开展；三是重视引导，使学生正确了解创业与国家社会经济发展的关系，以及创业与职业的关系，提高学生的创业能力和创新精神；四是理论与实践相结合，在培养学生成长的过程中，不仅要注重在课堂上传授理论知识，还要注重完善和丰富实践教学，改革实践教学方法，将理论知识与实践能力紧密结合，提高学生各方面的能力；五是因材施教，在教学过程中保护学生的个性，发挥学生的长处，激发学生的学习兴趣，充分尊重学生的需要和发展。同时，学校要根据办学特点进行合理定位，根据学生的专业开展不同模式的创业

教育教学。

（二）完善创业教育的课堂教学方法

在教学过程中，高校应根据学生的创业需求，明确学生的学习内容，要求学生学会对待问题，学会独立思考，学会用批判性的思维解决问题，学会从不同的视角看待问题，这种教育模式对社会发展具有积极的促进作用。创业实践能力的培养要求教师在教学过程中尽量使角色互换，增加课堂的互动性，以研讨式、互动式和模拟式等方式组织教学课程；传统教育观念转变为现代教育观念，将以传授知识为中心转变为以培养学生的创业实践能力为重点。

（三）完善创业教育的课程体系和教学内容

从中国的教育体制来看，学生的创业意识主要是通过在课程中所学到的内容来实现的，要想提高学生的创业能力，必须优化和完善课程体系和教学内容。在课程体系上，高校可以尝试减少必修课的学分，增加选修课的学分；减少理论课的课时，增加实践课的课时，特别是边缘学科、交叉学科可多开设一些实践研究型课程。在教学内容上，教师改变传统的"死板式"教学模式，除了学习课本中的知识之外，增加一些能够培养实践能力的知识，提高学生创业实践能力的发展。高校在开展课堂创业教育学习理论知识的同时，还要全面推动课堂创业实践活动的开展。高校应完善专业教育与创业教育相结合的教学体系，培养学生勇于创新，善于发现创业机会，敢于创业的能力。

第三章 高校教育教学的改革

第一节 高校教育教学改革创新的现实意义

高等院校首要的职能是人才培养，而人才培养的任务主要借助一定的方式方法，通过大学教学的实践过程来实现。在大学的教学实践过程中，教学方法的改革对培养人才具有十分重要的意义。特别是在当前深化教育教学改革，优化人才培养结构，创新人才培养模式，全面提高人才培养质量的形势下，大学教学方法通常与教学效果和高等教育质量紧密联系在一起，成为当前高等教育改革的突破口和切入点。如何推动课堂教学方法改革，加强课堂教学方法管理，是高校管理者必须研究和思考的重要课题。

一、高校课堂教学方法改革实践研究的意义

教学方法改革是当今教育改革的一项重要内容，也是现代教学研究一个重要的研究领域。教学方法对实现教育教学目标具有重要影响。为实施素质教育理念，高校教师一直在积极开展教学方法改革的研究与实践，对教学方法存在的问题、解决对策，以及教学方法创新和改革等方面进行了大量研究，为提高教学质量提供了丰富的理论指导和实践经验。但是，对于高校教学管理部门，结合高校的办学理念、办学思想推进教学方法改革，通过教学方法改革达成学校教育教学改革目标，形成人才培养模式和特色这一方面的研究比较少也不系统。

在教学过程中，教师对不同教学方法的运用对于实现教学目标具有十分重要的意义。尤其在当前深化教育教学改革、优化人才培养结构、创新人才培养模式、全面提高人才培养质量的新形势下，高校课堂教学方法通常与教学效果和教学质量密切联系在一起，成为当前高等教育改革的突破口和切入点。在"以学生为本"的教学理念下，教学方法必然从"重视教"向"重视学"转变，高校管理部门、教师也从"研究教"向"研究学"转变。课堂教学方法改革是实施以培养能力为中心的素质教育的关键。因此，一个学校确立教学方法改革的理念，把握科学的改革原则，找到有效的改革实施方式，经管理实践验证后将改革经验进行理论升华和推广，将为高校推进教学方法改革提供有益的启示和借鉴。

二、高校课堂教学方法改革的实践

（一）提高认识

现代教育观告诉我们，课堂教学的功能是育人。也就是说，教学过程要使学生不仅习得知识，而且在课堂上也需要对学生的学习能力、思维能力、创新意识与能力、语言表达能力，以及发现问题、分析和解决问题的能力等进行培养，所有这些都离不开正确有效的教学方法的运用。如果学生在课堂上只是听讲，不进行思考和分析，不发表意见，教与学不能形成互动，培养上述种种能力的目标也就难以实现。可见，高校管理部门和教师必须充分认识正确运用教学方法对实现教学育人功能的极端重要性。

（二）加强领导，保证改革有序进行

高校校、院（系）两级都要加强对教育教学手段改革工作的领导，各院（系）要制定相应的措施，保证改革有序进行。高校领导、教学管理部门要从培养创新型人才的战略高度重视教学方法改革，进一步转变教育教学观念，把"以教学为中心""以学生为主体""教学质量是学校的生命线"等

观念落实、夯实，改变重科研轻教学、重规范管理轻方法创新的工具主义做法，制定有利于调动教学一线教师进行教学方法改革积极性的政策，大力营造提倡教学方法改革的氛围，加大力度，全力推进教学方法的改革与创新。在广泛发动的基础上，动员广大教师积极参与改革、关心改革，并把实施改革的情况作为教师考核和评优的重要内容。

同时，学校应积极以奖励等形式从经费上支持实施双语教学、多媒体教学、基于现代技术的学习、网络教学，视实际效果确定奖励额度。各院（系）要积极划拨配套经费，同时保证奖励经费合理分配到有关教师，充分保护和发挥教师改革的积极性。

（三）教学方法改革的实施方式由"倡导改革"到"有组织的革命性变革"

高校教学方法改革是对传统教学方法全面、系统、彻底的超越，必须是有组织、有计划、有目标的革命性变革，必须在高校内部形成自表层到深层协同转变的规模效应，必须有明确和实际的举措，形成一种文化和制度。高校教学方法的革命性变革，应是高校物质层、技术层、组织层和模式层的协同转变。物质层，比如多媒体教室及其现代化教学设备、设施（计算机、投影仪、实物展台等），是表层化的东西，也是比较容易转变的。技术层，涉及师生日常教学的基本活动和基层教学管理人员的辅助活动。技术层面的变革基本上是渐进性变革，对原有能力的改造和提升不具根本性。实际上"倡导改革"的着眼点往往在这一层。改革缓慢的一个原因就是改革长期停留在这一层不再继续深化。组织层，包括组织结构、教学流程、管理制度、高层管理等，其在单个价值子系统内实施教育教学水平的提升与技术层不同。组织层才从根本上涉及教学工作的全部，影响所有教学环节的运作，决定更大和更高层面的转变。模式层，是决定教学系统本质特征的关系结构，主要包括高校教育教学的机制、体制和高校文化，高校教学方法革命性变革是一种哲学，也是一种心法，核心和终点都在于模式层的转变，传统的教育思想和教学模式根深蒂固，只有模式和文化成功进行了转型，高校教学方法的革命性变革才能成功。

（四）加强对青年教师教学方法的指导

对青年教师教学方法的指导，需要从多个层面展开，着重抓好三项工作：一是在教研室内部，讲授同类课程的中老年教师可以结合此类课程特点，与青年教师多进行教学方法的交流。二是指导教师在对青年教师进行指导的过程中，把教学方法的指导作为一个重要方面予以高度关注，并适当跟班听课，了解青年教师的上课情况，对青年教师的教学方法做深入具体的指导。三是在学校和二级学院举办的青年教师培训工作中，把教学方法的培训列入重要议程，聘请优秀教师言传身教。当然，青年教师也要主动和优秀教师进行交流，争取得到更多的指导和帮助，并勇于在教学实践中不断探索和创新。

（五）加大教学方法研究、交流和推广应用力度

深化教学方法改革是一项长期而艰巨的任务。在不同时间段，针对不同的人才培养目标、不同的学科（专业）和课程特点，以及不同的教学对象，对教学方法都可能有不同的要求。因此，在各级教学管理中，要把积极推进教学方法改革作为一项重要任务来抓。一是教研室应利用教研活动时间，有计划地组织教师有针对性地开展教学方法研究和交流。二是学校和二级学院（系）召开的教学研讨会，应该将教学方法改革作为一个重要议题，在较广泛的层面上进行探讨和研究。三是在各类相关的教学检查和总结中，应对教学方法改革的推进情况进行动态分析和研究，树立具有优秀教学方法的教师典型和具有专业特色的教学方法典型，并对好的做法和典型经验，及时宣传推广和应用，从宏观层面上将教学方法改革不断引向深入。

（六）提高多媒体教学的使用效果

1. 切实加强对多媒体教学设施的管理

多媒体教室由教务处负责统一安排使用，并负责协调；现代教育技术中心负责技术保障和资产管理，确保多媒体设备的正常运行，努力提高多媒体设备的利用率，增加采用多媒体授课的课程门数，提高采用多媒体授课的学时数，并做好多媒体设施利用情况的登记、汇总工作。

2. 有重点有选择地实施多媒体教学

各院（系）应根据课程性质的不同，有重点地选择实施多媒体授课的课程，严格审查不适合运用多媒体的课程，防止不适合的课程占据多媒体教室。在实施形式上，要避免"一刀切"，允许采用全程多媒体授课、部分多媒体授课等多种形式；可以购买课件，也可以自制课件。院（系）要加强对多媒体授课效果的检查。

3. 进一步加大对教师的培训力度

教务处与现代教育技术中心要组织多媒体设备使用的技术培训、课件制作培训，提高教师熟练运用多媒体设备的能力和多媒体教学的效果；鼓励教师自行研制、开发多媒体课件。

（七）大力推进基于现代信息技术的教学

1. 切实加强对教学设施的管理

基于现代信息技术的教学设施，由现代教育技术中心负责技术保障和管理，由后勤集团（或物管公司）负责日常管理及清洁卫生，由教务处负责统一安排使用，由各院（系）负责安排和培训专业教师、推荐和提供教学软件。现代教育技术中心负责技术培训与网络教学培训，图书馆负责对师生进行网络学习的培训。

2. 努力提高教学设施的利用率

语音室、自主学习中心、网络教室、电子阅览室、微格教室等要加强管理，全天开放，引导学生将先进技术手段用于学习。相关部门要制定语音室、自主学习中心、英语在线学习系统和微格教室的使用细则，各院（系）要明确规定各年级、各专业学生的使用总量和频率。全体教职工都要引导学生将网络用于学习。

3.加强数字化教学资源建设，优化网络教学平台

学校应把数字化教学资源（含网络课程资源）建设作为今后课程建设的重要内容和考核验收指标，凡校级优秀课程必须实施网络教学并要取得较好成效。网络课程资源建设的重点是不断完善与优化网络课程的教学内容，使用的主要载体是网络课程课件（光盘和文字教材可以作为辅助的载体）。课件的设计要符合《现代远程教育资源建设规范》和学校制定的《多媒体课件制作和管理办法》。网络教学平台应具备教学资源库、在线作业系统、在线讨论系统、在线测试系统等。网络教学平台必须随着课程计划的变化而不断加以充实和完善，对已经实施网络教学的课程要切实做好维护工作，使之不断优化。

4.分层次实施网络教学

网络教学可分为两个层次开展：第一个层次是以网上课程为核心，将教学的全过程计算机网络化。教师通过计算机网络（校园网）实施多媒体化的理论教学、课内外辅导、答疑、作业布置与批改，学生可通过网络在线学、测验、提问，以及进行在线考试、师生双向交流等。第二个层次是在线辅助教学，即在保留传统的面对面课堂教学的情况下，把网络作为传统面授的补充，主要是借助网络拓宽师生进行教学活动的有效环境，包括在线提供电子教案（或课件）、参考资料、教学大纲、授课计划、答疑、讨论、测试等。

（八）大力推行课堂教学方法改革

教师角色由"播音员"转变为学生学习的指导者和活动的组织者。在

当前，这种"口语＋粉笔＋黑板"的传道授业模式正逐步被有文字、图像、声音、视频、动画的多媒体形式替代，教学过程由讲授说明的过程转变为通过情境创设、问题探究、协作学习等以学生为主体的过程，是教师帮助学生有意义地掌握新的知识、纠正错误的思想和观念、主动地进行构建的过程。教师是发掘资源的向导，是思想和技术咨询的指导者。教师的作用就是精心设计教学过程、创设认识情境、架设认识桥梁，为学生发现知识做铺垫，让学生从知识的发生、发展过程中去发现新知、认识新知，从而积极、主动地参与学习。学生从被动的"听众"转变为主动参与的"演员"，在学习过程中成为发现者、探究者和创造者。

1. 由教"知识"转变为教"方法"

教学应该把以传授知识为主要内容转变到以发展学生智能为主要任务；把侧重学习内容转移到侧重学习方法。在课堂教学中，教师应重视学法的指导，通过理论的讲授，将学习方法和举一反三的思路教给学生。

2. 诱导学生自主学习，激发学生的求知欲

教师想传授给学生知识和能力，那是教师的主观愿望；而学生乐于接受的程度，决定着教师的主观愿望能否实现。如何实现呢？主要靠感染。这种感染是用教师的职业精神去感染，用教师对学生深情的爱去感染，用教师对学生高度负责的态度去感染，用教师风趣幽默、音容笑貌去感染。在这样的课堂上，师生配合默契，学生学习兴致勃勃、思维活跃。

3. 以学法带教法，指导学生学会学习

传统教育以传授知识为根本目的，以教师的教为主，忽略了对学生学习方法的指导。这就违背了教学规律和学生学习的规律。现代教学必须突出学法指导。一是在教学中体现学法，使教和学统一起来。二是不仅给学生知识形成的结果，更重要的是让学生理解知识形成的过程，掌握学习知识的规律，能举一反三、触类旁通。三是指导学生会迁移。四是加强基础知识与基本技

能训练，突出实践教学。

4.突出思维训练，培养学生的创新思维能力

教师在教学过程中不论运用哪种教学方法都要注重培养学生的抽象思维能力和形象思维能力，如分析判断能力、概括综合能力，以及发散思维能力、直觉思维能力、想象思维能力等。教师要把思维能力训练贯穿于整个教学中。

5.改革评价方式，培养创新品质

过去，教师判断正误评判、学生得分高低的依据是学生的答案是不是课本上的标准答案，是否按照老师讲的方法去做。正是这样的评价机制导致学生只会围着教师、书本转，养成了安于现状、没有主见的学习态度，极大地阻碍了学生创造性思维的形成和发展。因此，要培养学生的创新意识和创新能力，必须改革不合理的、不利于发展学生创造思维的评价机制。在教学中，教师对于学生的学习如能及时、适度地做出评价，就能保持、激励学生的学习积极性；在评价中，教师如能启发、点拨学生，就能有效地训练学生的思维能力。

第二节　高校教育教学方法的现状及问题剖析

知识作为无形的生产力为社会创造了极大的财富，也促进着人类社会的进一步发展。本节针对我国高校教育教学的现状对创新型教学理念做简单的研究，对如何改善教学方法提出简单论述。

进入21世纪后，我国的经济、政治、文化、科技都处于飞速发展的状态，在这种发展形势下，社会和国家对高校教育教学提出了较高的要求。为了确保高校所培养的人才能够满足社会的需求，高校在教育教学的过程中也做出了相应的改革。为了确保高校学生具有较丰富的专业知识、较强的身体素质和心理素质，高校在教育教学的过程中不仅完善了理论教学方式，还通过各

种教学活动对实践教学内容做了改善。高校在着重培养学生动手能力的同时，也进一步引导学生如何在未来的生活、工作中将所学知识转化成具体操作，使学生在实现个人价值的同时，也能为社会创造更多的经济效益。所以，如何培养具有高素质和创新思维的人才，是高校现在面临的主要问题。高校要想确保教育教学质量，还需要从学校自身的发展状况入手，实事求是，找出创新教学的方式。

一、高校教育教学中存在的问题

（一）教学内容过于保守

现在我国各高校沿用的教学内容一般都是在学校成立之初设立的，在多年的教育教学过程中，虽然做了相应的修改，教学内容的分布较为合理，但是在实际的教育教学过程中，还是有较多不足的。比如说，不同专业中教材内容的组合不符合时代教育的要求，对教材知识传授的先后顺序也缺乏一定的考量，造成学生在学习的过程中出现知识脱节的现象。在现在的高校中，教育教学的方式一直是以书本为主，以多媒体设备为辅;以教师教为主，以学生主动学习为辅。"填鸭式"教学依旧是影响高校教学效率提升的主要因素。

（二）人才培养与社会需求相脱节

就业率是衡量一所高校教学成功与否的标准。在每年高校毕业季之后，我国教育管理部门都会对高校学生的就业率进行调查。虽然近年来各所高校的就业率得到了很大的提升，在高校学生中也不会出现就业难的问题，但是这并不代表每一位高校毕业生都找到了一份适合自己的工作，也并不代表每一个企业都获得了适合本企业发展的优秀人才，有很多学生在毕业以后所获取的工作都与自己在大学中所学知识专业不符。这一现象是由社会发展现状造成的，也是由高校教育教学方式造成的，更是由学生个人的发展状况造成的。对于一些学习能力较差的学生来说，学习自己并不感兴趣的知识是一件难事。而在高校学生中，有很多学生所选的专业并不是自己期望的，也并不是自己擅长的，因此在进行专业进修的过程中，难免会出现懈怠心理。学校在教授这部分学生专业知识的时候也很费力，加之每个教师的教学方式不同、教学能力有限，使得这部分学生在学习的过程中根本没有能力去熟悉掌握专业知识，导致其个人专业素质得不到提高，无法满足社会对此类专业人才的需求。

（三）学校教学管理方式陈旧

在高校教育教学的过程中，一直要求教师要规范教学，统一教学，在确保教学活动具有有效性的同时，也要保证教学内容符合教育的需求。但是，在实际教学过程中，这两项内容似乎不能进行完美的结合。保证教学的规范性和统一性就是要求教师按照传统的教学方式传授知识，教学活动只能固定在课堂中，固定在多媒体设备中。教师一旦按照这种教学管理目标进行教学活动，教育教学的效率就很难得到提高。因为，在此过程中，教师和学生的思维都受到了限制，并不是每个教师都具有丰富的教学经验，使每堂课的知识传授都能达到期望的标准。在这种教学管理模式下，不论是教师还是学生，都很难发挥主观能动性和创造性。

二、教育教学的创新研究

（一）改善教学指导思想

高校教育教学的指导思想一直是以传授学生专业知识为主，使学生在以后的工作过程中能够具有相关的专业技能。但是，在这一教学指导思想落实的过程中，往往存在着很大的偏差，教学成果远远没有期望的好。所以，要想保证高校教育教学能够发挥出最大的优势，就必须要完善教学指导思想；要想改变传统教学理念的束缚，教师在教学的过程中，就不仅要以传授知识为主要目标，还要以启发学生自主理解知识为重要目标，激励学生在学习的过程中构建自己的知识框架，教师在教学的过程中要合理布置知识研究内容，保证每个学生都能主动了解所学知识，加深对所学知识的印象，通过教师的引导来掌握知识。

（二）教学内容的改革

教学大纲作为教师进行教学活动的指导性文件，规定的内容不仅是教师要教授的内容，也是学生所要学习的内容。所以，高校要想对现有的教育教学情况做出改善，首先就应该根据实际教学情况，对学生学习的主要内容做出调整。高校要合理改进教学大纲中的内容，根据时代发展的状况以及学生的学习情况修改教学内容，对于教学大纲中比较落后的教学内容以及不符合时代发展理念的教学内容予以剔除。另外，高校在制定教学大纲的过程中要本着发展的眼光去对待高校教育教学的变化，最好是以阶段性管理为方法，不断更新教学大纲中的内容，保证其能够在特定的时间内发挥出最作用。而其内容更新的时间可以根据学校的发展状况来定，也可以根据社会的发展状况来定，最好是以 10～12 年为一个期限，根据每代人的发展需求来调整；只有这样才能保证学生所学习的知识符合社会的需求，保证学生获得的知识具有实用性和前瞻性。

（三）深化教学体制改革，完善教学方法

各高校要想适应社会的发展需求，保证培养出的人才能够为国家、为社会创造出更大的经济价值和劳动价值，在教育教学的过程中，就必须做出相应的改革，其中较为重要的就是教学体制的改革，而教学体制改革的重中之重就是管理体制的变化。在如今的高校办学过程中，学校在进行管理的同时要更加注重"以人为本"，保证教师和学生在工作和学习中都能获得保障。在维护学校与教师间和学生间的关系的时候，要充分地发挥管理制

度的公平性和人文性，处理好个体与集体的关系，保证学校能够为学生提供和谐舒适的学习环境，能够为教师提供公平合理的竞争平台，通过结合相应的管理制度使教师在教学的过程中更加注重自己的教学成果，要求教师在教学方式上不断地做出调整，保证教学方法具有高效性。

学校不仅是学生获取知识的地方，更是学生提高个人素质、完善个人能力的桥梁。学校要想使教育教学活动更能发挥出其所具有的优势，就要在教育教学的过程中，让学生进一步明确知识的重要性；要以积极的方式引导学生，让学生明确，知识是提升一个人生命价值的手段。在知识经济时代的今天，学生要想通过良好的方式获得生活所需，就要继续学习，利用知识武装自己，保证在极大的社会压力下，能够找寻到自己奋斗的目标。

第三节　高校教育教学质量提升路径

高校的发展与教育教学质量息息相关，在现代社会快速发展转型的关键时期，教育教学质量已成为高校生存和发展生命线。加快一流大学和一流学科建设，实现高等教育内涵式发展，是当前中国特色社会主义事业建设的重心所在，是党和国家对我国高等教育提出的明确要求。提升教育教学质量是当前我国高校发展的主体与共同愿景，也是高校教育教学的核心要务。

一、影响高校教育教学质量的因素

（一）研究现状

在进行高校教育教学质量影响因素的研究时，既要从我国发展实际出发，又要借鉴优秀的研究成果，以优秀的研究成果作为高校教育教学体系构建的基点与抓手；同时，为高校教育教学质量保证体系的执行与落实提供借鉴与参考，提升高校教育教学质量保证体系的实效性与科学性。

（二）国外学者对高校教育教学质量影响因素的研究

教师层面主要指教师的思想观念、研究能力对教学内容、学术活动、教学活动的影响。学生层面则是指外界环境对学生判断力、思维养成、习惯感知、思想观念等的影响。在课堂层面，教师与学生联系的桥梁与纽带，教学活动直接影响着学生的能力。

（三）国内学者对高校教育教学质量影响因素的研究

国内外学者主要从教师、学生、教育过程等方面入手，对高校教育教学质量影响因素进行了探索，为本节的研究提供了有价值的理论依据。多数学者侧重于教与学两方面，但影响高校教育教学质量的原因很多，各个环节、各项因素都有可能影响教育教学质量。因此，笔者从教师、学生、课程、教学资源等方面出发，探讨影响高校教育教学质量的因素，以期强化本研究的客观性与全面性。

（四）具体影响因素

1. 教师因素

教师是教育教学活动的组织者、实施者，教师的水平直接关系着教育教学的质量。在大众化教育发展趋势下，高校扩招趋势明显，师资配备情况不及学生规模扩大之速，导致师资力量薄弱，师资数量欠缺，教学活动负重前行。教师的学术背景、教育能力、专业技能等是开展教育教学活动的基础，但一些教师忽视了对自身知识与技能的更新与补充，很难适应快速发展的高校教育教学要求。另外，有些高校将教师的科研成果作为评价指标，导致教师只专注于科研工作，而忽视了教育教学工作的开展，敷衍应对教育教学各项工作。高校教育教学质量的提升需要教师的全程参与，然而有些教师忙于学术研究及参与社会活动，导致高校缺乏高水平的师资队伍。

2. 学生因素

学生是教育教学的主体，更是教育教学质量的决定性因素，学生的自主学习意识与能力直接影响着教育教学的整体质量。尤其是在高校扩招背景下，录取门槛的降低在一定程度上影响了生源质量，越来越多的学生进入大学校园，学生的知识储备、学习能力各异，这无形中就加大了教学的难度。受应试教育的影响，进入高校的学生仍然固守被动接受知识的习惯，创新思维有待开发。另外，有些学生认为进入大学后课业压力不大，只要保证不挂科能够拿到毕业证即可。因此，一些学生的学习态度不端正，学习目标浅显化，迟到、早退现象极多，严重影响了高校教育教学质量的提升；还有一些学生觉得当下所面临的就业压力极大，在校期间将精力集中于考取各种证书上，无法顾及正常的课程学习，导致高校教育教学质量下降。

3. 课程因素

教育教学活动的开展需要通过课程教学来实现，课程体系、课程结构直接影响着教育教学质量的提升。当前高校教育教学工作普遍存在课程体系构建不完善，教学内容偏向记忆性的理论论述，缺乏创新性教学内容，教材内容更新速度与社会发展需求相脱节，难以有效培养学生的创新思维和创新能力；专业课程建设侧重学科特征而忽略了学科的交叉性，不利于复合型人才的培养。

4. 教学资源因素

教育教学资源包括教育经费、教学设备、实验仪器、图书资源、教学条件等软硬件设施。近年来，国家不断加大高校软硬件设施的投入力度，新媒体教室、语音教室、实验楼等不断改扩建，多媒体设备、实验设施、图书资源不断扩充，但学生规模也在快速扩充，导致学校在软硬件教学资源的投入上仍显滞后。

5. 其他因素

高校教育教学活动是一项系统、复杂的工程，包括诸多内容与环节，各项内容与环节都与教育教学质量紧密相关。教育教学质量的影响因素除了上述因素外，还包括校风、学风建设，实习实践机会，学术研究环境，教学管理理念与管理制度、学校日常管理状况，社会的支持与帮助等内外部因素。

二、提高高校教育教学质量的措施

（一）强化师资队伍建设

教之本在于师，不管何时，教师都是教育教学活动的根本，是教育教学质量得以保障的决定性力量。在高校扩招背景下，学生数量激增，导致师资力量不足，出现教师年龄断层的问题。高校应在教师竞争上岗、学生选课选教师的竞争机制下，创新引入机制。譬如，可以让教师挂牌上课，对于选课人数多的教师给予表扬及实质性的奖励，激发教师教学的积极性；可以提高教师待遇，强化教师教学动力，促使教师全身心地投入教育教学活动中；还可以返聘有丰富教学经验和学术研究能力的离退休教师重返教学岗位，这样就可以留住优质的师资力量，离退休教师可以对年轻教师的教学工作给予指导，发挥传、帮、带作用。同时，高校应加大对青年教师的培训力度，提升其专业技能和教学能力，以弥补师资的不足。

（二）优化专业结构设置

第一，以市场需求为导向，调整专业设置。社会需求是高校人才培养的导向，也是高校教育教学的指南。现代社会信息化、科学化发展迅速，需要的是应用型、创新型、复合型的人才。因此，高校在专业结构设置上，应密切把握市场发展动态，强化高校内涵建设，调整学科专业结构，以精品专业打造高校品牌优势，促进教育教学质量的不断提升。

第二，基于专业培养目标，完善教学体系。实现培养目标是完善教学体系的目的。高校教育教学讲究知行合一，学以致用。对此，高校在教育教学体系设计上应统筹理论课教学与实践教学的关系及落实力度；针对不同专业的培养目标与发展需要，合理调整理论教学与实践教学的比例；在教学中根据专业特点与培养需求，适时增减教学内容，使其契合现代高校人才培养需求与未来就业创业需求。

第三，创新教材内容，促进专业发展。高校可根据学科建设需求更新教材内容，采用新编教材，尤其是财经、理工、农医等发展较快的专业需要使用近三年编制的教材，以使高校教育教学内容始终处于时代发展的前沿。

（三）强化学风教风建设

学风，即教育教学环境。良好的教育教学环境能让学生沉浸在积极的学习氛围中，在潜移默化中激发学生学习的积极性。高校在学风建设上，可从规范考风考纪入手。教育家陶行知将考试作弊的危害归纳为欺亲师、自欺、违校章、辱国体、害子孙。对于考试作弊问题，高校管理者应加强监管，通过张贴、悬挂警示语向学生说明作弊之害，严格把控考试过程，利用电子屏蔽仪屏蔽电子设备信号，对学生加大教育与引导力度，严惩作弊行为，在全校营造良好的学习氛围。教风是教育教学的精神、态度与方法的集合，是教育教学的风气，良好的教风可以带动学风。教师是学生的榜样，学高为师，身正为范。因此，高校管理者应加强师德师风建设，着力培养教师的教育思想、职业素养。教师应从自身做起，加强自身知识储备，树立高度的教育责任心与敬业心，对学生有爱心和耐心，认真对待每一堂课、每一个学生，创新教育教学方法，丰富教育教学内容，活跃课堂氛围，努力营造良好的教学风气。优良的教风和学风可以促进教师与学生共同发展，可以为高校教育教学质量的提升营造积极的外部环境。

第四节 高校教育教学改革的动力机制

改革开放以来，我国对教育的重视程度越来越高，尤其是高校教育教学改革更是成为教育行业的主要研究方向。但是，由于教育体系本身具有复杂性，其或多或少存在一些问题。因此，着重于对整体改革过程中的动力机制进行探讨，将有助于教育行业的有效发展。本节旨在针对高校教育教学改革过程中的动力机制问题，结合外部因素和内部因素共同作用，通过两者之间相辅相成的关系，促进动力机制在高校教育改革过程中发挥巨大的作用。

由于"科教兴国""知识就是力量"等教育理念逐步深入人心，高等院校的教育教学改革成为社会共同关注的一个热点问题。根据相关文献综述和资料查询，学者将高校教育改革的主要动力机制分为两个：一是外部动力机制，是促进改革进步的显著诱因；二是内部动力机制，也是实实在在的改革基础和关键。只有将这两种动力机制有效地结合在一起，才能有力地促进高校教育教学的改革，为我国的建设培养优秀的人才。

一、高校教育教学改革动力机制的含义解析

所谓机制，字面意思既可以指有机体的构造、功能及其相互关系，又可以指机器的构造和工作原理。但是，其在本节中的意思，其实是一种社会学范畴下对领域具体解析的概念，根据相关知识，可以分为推动机制、发展机制、联系机制等。其本质则是用于描述动力和事物发展过程之间运动、发展的内在联系。而推动机制、发展机制、联系机制这三种机制之间的相互联系，能够促进社会有效力量的形成，从而促进事物在历史长河中的发展和变化。这种发展是向积极的方向发展，有助于把低级别的事物引导，并促使事物向着高级别的方向发展。因此，这一机制在高校教育改革的应用过程中，

具有显著的重要意义。高校教育教学改革的动力机制就是这样一种宏观变化的机制，在借助外部动力机制的引导作用下，结合内部动力机制这一基础，两者相互借鉴，从而在整体上推动高校教育教学改革的发展。

二、促进高校教育教学改革发展的动力因素

（一）外部动力因素

高等院校与中学和小学的不同就在于其具有相当大的独立性和自由性，无论是上课的形式还是学生自主学习的能力、老师的授课方式等，都具有相当的可变性。但是也有人将高等院校，也就是大学称为象牙塔，认为这是一个与社会脱离的环境。实际上，高校就是一个具有系统性的结合体，不仅仅与内部的学生、老师等发生关系，更是与社会上的各种因素具有千丝万缕的联系。就目前来说，我国主要在高校教育教学改革方面借助政府的调控和师生的参与形成了多种具有促进性的动力因素。其中，外部因素主要指的是社会环境中的因素，如政治、经济、文化、科技等在发展过程中对高校提出的新要求，新动力。不能够忽略的一个方面则是各高校之间由于教育系统不同而产生了竞争，从而形成的外部动力。这些外部动力因素都和高校教育教学改革息息相关，并且在政府和社会、教育家、教师、学生等多方的共同参与下，以行政条令作为标准，以公众参与作为灵活操作手法，来形成一种自下而上和自上而下相互结合的改革平台。

1. 科技因素

在现阶段的中国，乃至世界的发展过程中，科技象征着一个国家现代化、力量化的水平，因此，科技对于高校教育教学改革也具有重要的促进作用和驱动作用。大部分的高校由于经济和科技力量的不足，往往在改革的进程中会出现"改革惰性"。教育模式多是沿用传统的"填鸭式"教育，只注重对学生知识能力的培养，而忽略了对其实践能力的促进。科学技术作为

一种手动性和操作性极强的动力因素，已经被广泛认知为社会发展的"第一生产力"，从而成为整个社会迅速发展的催化剂。高校必须认识到科学技术在高校教育教学改革中的重要性和挑战性，只有有选择性地摒弃传统教育模式下的改革弊端，借助科技的发展，才能缓解教育进程中先进的要求和落后手段所激发的矛盾。

2. 经济因素

经济是人类在社会生存所必需的物质基础，也是对生活水平、精神层面有效提升的决定性因素之一。因此，它会对高校教育教学改革产生一定的影响。一方面，经济为高校教育教学改革提供物质保障，使得其在改革进程中不受经济条件的制约。另一方面，高校对经济的利用，也将渗透到改革的各个环节中去。例如，高校的管理制度改革，只有在充分经济条件的支持下，各类基础设施才能完备，才能有效改善高校的自然环境、教育环境、生活环境。当然，经济更多的是对高校教育体制、专业结构的丰富性形成做出了巨大的贡献。

3. 人文因素

这类因素主要是由参与高校教育教学改革的多方角色决定的。人们的思想水平、价值观念、心理态度等人文性较强的方面对高校教育教学改革具有重要的作用。传统只注重知识水平的提升，是片面的，只有将人文情怀和实践能力、操作能力等有效地结合在一起，使高校改革过程中的各个主体的思想、观念都焕然一新，才能有效推动高校教育教学改革。

4. 竞争因素

益处进一步发展多是来自同一领域不同层次的高校之间，彼此能够形成有利的竞争和合作意识，使得高校改革成为一把双刃剑，既能够促进益处进一步发展，也能够减少弊端的暴露，并加以改进；辅助以政府、科技、经济、人文等因素，共同促进高校教育教学改革的顺利进行。

（二）内部动力因素

外部动力因素对于高校教育教学改革具有一定的推动和引领作用，但仅仅这一方面努力是不够的，只有结合学校内部的教育体制、文化生活等内部动力因素，才能够使改革处于时刻变化的状态之中，实时解决改革中出现的相关问题。

1. 人才因素

高校教育最为主要的目的就是为国家的建设培养多方位、专业化的人才。因此，人才因素是促进高校教育教学改革的主要内部动力因素之一。由于生源的扩招和教育水平的提升，越来越多的学生能够进入高校学习，一方面促进了人才的培养，另一方面也预示着我国的高等教育进入了大众化的阶段，优秀人才的培养需要成为高校改革的主要出发点。

2. 教育因素

所谓改革就是改掉不好的，提倡向好的方面发展。教育改革则是为了将高校教育教学过程中的不良现象清除，促使整个发展阶段是在社会需要的前提下，朝着优势的方向发展。只有清除现阶段高校教育的弊端，对症下药，将不合常理的方面进行控制或者消除，才能够使高校教育教学改革具有意义。

3. 自主因素

自主因素是根据高校在办学过程中具有的办学自主权提出来的，即高校具有自主的决策权、执行权、发展和约束权。但是，这些权利需要社会、政府等上级结构做出保障，将以宏观调控和微观处理的手法结合起来，促进高校的改革能够适应社会的发展要求，从而使其得到一定的保障。

（三）内外部动力因素的联系

内部动力因素和外部动力因素相互结合，彼此提供保障，共同作用于高校教育教学改革进程。这是因为自然界中存在的事物离不开外在力量的推动和内在力量的调控。对于高校改革来说，改革的过程既需要国家、政府以及经济、科技等宏观因素的调控，也需要结合高校自身的情况，充分发挥其内部师生的自主性和教育资源的公平性，以实现高校教育教学改革的顺利完成。

综上所述，高校教育教学改革需要紧跟时代的步伐，结合外部动力因素和内部动力因素，形成具有协调性的动力机制；无论内外，都能积极做好本职工作，发挥本体的能动性，从而促进高校教育教学改革的成功，为我国人才培养做出巨大的贡献。

第四章 高校教育教学的创新研究

第一节 以人为本推进高校教育教学管理创新

创新教育教学管理模式是推动教育事业更好地发展的保障。"以人为本"的管理理念顺应了当代社会发展趋势,将其运用到高校教育教学管理中,对教育教学管理的创新与发展具有重要的意义。为此,本节从开展以人为本推进高校教育教学管理创新的原因入手,对其实现以人为本推进高校教育教学管理创新策略进行了深入探究。

一、开展以人为本推进高校教育教学管理创新的原因

高校教育教学管理是高校工作的重要组成部分,对于促进高校发展、给学生创造一个更和谐、更有序的生活和学习环境扮演着极其重要的角色,而要实现推进高校教育教学管理创新,首先应该保证能够坚定不移地以科学发展观为理论指导,并且始终坚持"以人为本"的教育理念,这样才能真正达到教育的要求。

"以人为本"是高校教育教学管理的根本诉求。"以人为本"的理念早已被提出,要想坚定不移地落实科学发展观,必须达到以人为本的核心要求,并且意识到为人服务、对人有利才是发展的根本目的和基本要求,还要保证所取得的发展成果能被人享有并且惠及全人类。高校是有计划、有组织并且能够开展系统性教育工作的机构,其目的就是为社会的发展提供保质保量的

人才，以教育促进社会发展，同时让社会的发展为教育提供教学指南。与社会上的企业相比，高校是一种为教书育人而设立的机构，其不以营利为目的，却对学生有一定的要求，要求他们能够遵守相关的规章制度。因而高校的教育者不仅要掌握扎实的理论知识、教学技能和专业技能等，还必须具备高尚的职业道德操守，要尽可能地拉近与学生之间的距离，实现与学生心灵上的交流和沟通。在高校领导、教职员工和学生这三个层级构成的群体中，人不仅是高校开展教育活动的主体，同时也是客体，人的这种双重身份使得教育管理更应该坚持以人为本。高等学校是对所有渴望获得知识的人开展高等教育的教育机构，是培养各个行业人才的重要场所。设立高校的根本目的就是培养具有创新能力的高级别人才。为了使高校教育达到这一标准，必须保证师资力量，这样才能保证所培养出的学生符合高级别人才的需要。"教授"与"学习"都是一种很花费时间和精力的劳动方式，既需要相对自由的学术氛围，又需要教学环境有一定的宽容度，从而满足人文主义式的管理要求。

以人为本才能满足高校教育教学管理的实际需求。多年以来，我国很多高校都致力于实现"以人为本"管理理念的要求，不断积极探索现代化教育教学管理模式和机制，从目前的情况来看，已经取得了初步成效。

二、实现以人为本推进高校教育教学管理创新策略

要想真正地实现以人为本推进高校教育教学管理创新的目标，就必须清楚地认识到"以人为本"教育教学管理理念的重要性，逐步强化"以人为本"的管理理念，探寻更为人性化的管理模式，并且及时构建服务型的管理队伍，从而为教师和学生提供更高质量的管理服务，满足他们的实际需求，促进高校健康发展。

探寻更为人性化的管理模式。要探寻更为人性化的管理模式，应该满足

一定的要求，首先，强化学术功能。高校是开展教育的场所，所以应该有意识地坚持专业化的治校理念，始终维护教授在教学管理中的核心地位和核心作用，赋予他们在高校教育教学管理中的权利和相关权益。其次，由被动接受型转向激励型。管理分为被动接受型和激励型。激励属于更高级别的管理方式，其取得的管理效果更好，同时对管理者的管理能力要求也更高，这就要求高校能够尊重师生，不断完善教育教学管理规章制度，努力在原有的被动接受型管理方式上融入激励型管理因素，逐步实现由被动接受型管理向激励型管理的过渡。

构建服务型的管理队伍。虽然传统教育教学管理在不断发展的过程中表现出了一定的优势，但在面对现代信息化管理时仍存在一些过于烦琐、呆板的问题。身处信息化时代，高校教育教学管理应该以现代化教学管理理论为导向，对传统教学管理体制和机制进行改革创新，向实现教学管理现代化不断靠近。管理更倾向于一种服务性质，是以为教师和学生服务为目的的，这就要求管理队伍能够树立起"以人为本"的服务理念，在处理问题时做到热情、耐心和细致。当然，为了提高服务质量，还应该不断地提高管理人员的专业素养、综合素质和业务能力，增强他们的职业道德感；与此同时，还应该构建并完善教学管理人员的目标管理责任制，激励并引导教育教学管理人员严格要求自己，以身作则，在对师生进行管理的同时不断深化教育教学管理的功能。

"以人为本"作为当代社会的一种新的管理理念，顺应了时代的发展，因此，将"以人为本"的管理理念运用到高校教育教学的管理中有利于高校教育教学管理的创新与发展。

第二节　教育机制在艺术设计教学中的应用与创新

教育机制是指教师在教育教学过程中的一种特殊定向能力，是教师良好的综合素质和能力的外在表现，是指教师能根据学生新的特别是意外的情况，迅速而正确地做出判断并及时采取恰当而有效的教育措施解决问题，由此表现出的一种敏感、迅速、准确的判断能力。范梅南认为教育机制是教师用来克服理论与实践相分离的概念，而不是促使理论转化成实践的工具。教育教学不是教条的说教，也不是道德的劝诫，而是在教育实践活动中将学生引向好的方面。笔者认为，教育机制首先要求教师的教育初心。人们常说："教师是太阳底下最崇高的职业。"因此，保持教育初心尤为重要，它意味着责任和担当，意味着遇到问题时不怕问题，主动去解决问题，不能事不关己高高挂起，也不能破罐破摔，因为不进则退。由此出发，为教育教学事业贡献光和热，才能积极为教育教学事业做好充分的准备，并且要坚持终身学习，这就是教育机制成熟的两个基本点，即保持初心，终身学习，这样才能让教育机制在教育教学中发挥出最大的能效。

一、宏观环境中的准备工作

新时代背景下，对于教育教学的准备阶段，笔者认为主要有三个阶段：收集与共享资源；筛选与学习资源；引入与利用资源。具体体现为：首先是通过各种渠道最大限度地收集相关资源，建立属于自己的数据库，这是对专业人士自身的学术科研和教育教学的双重要求。然后学会共享资源，把资源通过各种平台再次分享给同行们，促进沟通与交流。其次是针对教育教学方面，系统地筛选符合教学大纲的资源，进一步深入学习和研究，为教育教学做充分的准备。最后是将资源引入课堂，并利用相关资源辅助课件，达到多维度的教育目的。

二、微观环境中的实践工作

（一）导入话题，打破壁垒

由于"三观"的不断建立与完善，大学生具有青春期末期的叛逆思想和成年期的单纯的自信及逆反心理，所以在教与学之间，要及时打破壁垒，而第一手段就是教学导入。事实上，教学导入并不是陌生的话题。传统的导入方法多达 20 种，最常用的就是直接和直观导入，即第一时间明确教学的重点和目标。然而笔者认为，教师自身的状态准备开始的时候，学生未必准备好，而例行公事的导入，只会让学生产生"有了任务"的负重感和恐惧感。一节课 45 分钟，笔者将其分为三个阶段每个阶段 15 分钟，学生注意力的高潮期往往在开始和结束的阶段，中间会进入一个低潮期，所以把握开始和结束两个阶段的时间尤为必要。对于开始的 15 分钟用来导入话题，笔者采用聊天的方式随意提出几个近两天发生的新闻，尤其是学生比较关注的新闻范畴，以此开始调动学生的注意力和积极性，进而见缝插针地真正导入一个知识点，引发疑问，开始本节课的教学工作。重点和难点则集中在 15 分钟之内分别教授，在学生进入低潮期的 15 分钟内，尽量进行"手机互动和课外案例拓展"，最后在剩下的 15 分钟内总结和回顾本节课的重点与难点。

（二）利用同理心，拉近距离

其实，教师与学生之间并不存在敌对关系，也不存在领导与被领导的关系。因此，教师应该站在学生的角度考虑问题，消除学生意识中的所谓敌对关系，利用同理心，将学术与生活分开，在学术上严肃认真，在生活上"变回"正常人，不要总端着所谓为人师表的架子，以此拉近师生之间的关系，取得学生的信任感，这是增强学生对教师传授知识权威性和接受度的教育机制手段。

（三）弱化教育主体与客体的关系

在传统的教育教学环境中，教师是主体，学生是客体，二者是一种主动与被动的关系，教师讲什么，学生听什么，没有任何选择性。在网络不发达的年代，教师教授内容的对与错，很难及时得到鉴定和辨别，教师的权威性得到了最大限度的保护。这并不利于教育教学的良性循环。互联网文化盛行的今天，学生可以在课堂随时查看教师所表达的只言片语，甚至读错一个字，都会被无限放大在网络上，这也成为当今的教育工作者最大的焦虑之一。笔者认为，教师应该变劣势为优势，要认识到学无止境的基本原则，不断提升自身专业素质和能力，同时也要变被动为主动，弱化教育主体与客体之间的关系，放低身段，放下所谓的权威，与学生互相学习，共同进步。

（四）教学环境的多元化

艺术设计类教学的环境一直是多元化的，如从理论课堂到画室或者绘图室，从校内操场写生到校外写生，从街区考察到调查问卷，从教师示范到学术交流。高校应该开拓更加灵活新鲜的教学环境，如利用联网教学，使同一时间同一门课的两个教室的教师与学生互相联网进行视频交流教学，形成一种映射和参照，把有限的空间提升到一个无限的沟通领域中。

（五）手机的利与弊

手机在大众群体中的普遍应用，无疑是新时代的利好消息，但对于学生群体，社会上普遍存在着很大的争议，尤其是在教育领域，这是很多教育工作者最担忧的问题之一。首先，手机比电脑更加方便携带，各种社交软件和新闻媒体平台，最大限度地分散着学生们的注意力。其次，网络内容的新鲜感和爆炸性内容令学生更感兴趣，阻碍了学生对于教学内容的关注度和接受度。上课期间低头看手机而不听课的普遍情况，使得教师非常痛心。既然是无法避免的普遍事实，不如变劣势为优势，加以利用。教师可以将每节课的教学内容，都尽最大可能地与网络链接，让学生随时通过手机获取相关内容，形成教育教学中一种新型的互动方式。

（六）教材与课件

在很多高校，院系考虑到要避免教师之间的恶性竞争、学生之间的心理不平衡等因素对于专业的具体课程要求课件统一、作业统一。然而，教材是不断更新的，但课件很难跟进，里面的图例大多是像素偏低的图片，案例也缺乏时代性，很难引起学生的记忆点和共鸣性。教材的更新主要偏重于理论的更新，课件的更新在于图例和案例的更新，二者并不矛盾，教材指导课件，课件解释教材，二者可同时更新，与时俱进。在此基础上，教师还应准备除课件之外的拓展资料加以辅助，尤其是艺术设计类教学，需要大量的实际案例。

（七）教学形式（板书与幻灯片）

传统的教学以板书为主，通常是教师讲授与板书同时进行，学生的期待感很强，也可以与教师同时思考和进行。这是传统板书的优势。随着时代的发展，电脑幻灯片逐渐成了主流教学形式，其原因在于：第一，教学内容的承载量巨大；第二，教学内容的表现形式多元化，各种彩色图片、动态图片以及影像影音，为教育教学提供了更加便利的条件，教学成果显著提高。然而，在艺术设计类教学当中，笔者认为二者应该结合起来开展教育教学工作，以免造成"照本宣科"的教学环境，避免"放弃"了教材在课堂的主导性，又换汤不换药地"开启"幻灯片课件在课堂的主导性。传统板书与学生之间的互动优势并不过时，也绝不可丢弃。

（八）实践课与理论课的矛盾

比起理论课，艺术设计类专业的学生更加喜欢实践课，这是不争的事实。主要原因有两点：首先，就业的大环境决定了技术类人才更加热门，受欢迎程度更高。新时代对于劳动力的要求集中在员工的实际操作能力，而非理论研究，只有部分学术科研部门以理论研究为主，且要求学生的学历为硕博以上。因此，对于专本科类的毕业生而言，掌握熟练的实践技能，直接影响着就业出路与薪资待遇。其次，在教育教学的环境氛围中，实践课更能增加师生之间的互动性，也能充分地调动学生的主观能动性，相较于理论课长时间地被动接受系统连续性很强的理论知识，实践课的灵活性更强、操作性更强，学生手脑并用的学习方式，使得教学成果更加显著。通识教育在西方教育领域一直有着不可忽视和无法替代的积极作用。理论课作为通识教育里面一个重要组成部分，在教育教学中具有深远的意义和作用，它能潜移默化地影响学生的意识形态，建立学生的思维模式，加强学生的记忆能力，提高学生的思维能力。正所谓理论指导实践，实践又反作用理论，二者缺一不可。

（九）考核形式的危机

考核主要包括考试与作业两种形式。艺术设计类学生对于考试的反感程度，并非今时今日才出现的新课题。作为教师，在学生时代也一度质疑艺术设计类专业的学生理论考试的意义何在。理论考试主要考查学生对于系统理论知识点的掌握程度，通过对学生试卷的解答情况，可以分析和判定哪些知识点学生更容易掌握，哪些难以掌握，这也是教育机制的一种隐晦的体现。教学大纲中的重点与难点，并非一成不变的，而是要根据学生的实际反馈情况进行及时的调整。艺术设计类作业的形式多种多样，最受欢迎的无异于考察报告。然而，考查报告可以作为考察方式之一，但绝不能是唯一。

如果说学历是进入教育行业的敲门砖，那么教学经验就是教育行业的试金石。教育机制在教学实践过程中，不仅可以考查作为一名教育工作者是否仍然保留进入教育行业的初心，对教育事业的热情，以及对教学工作的责任感；同时也能检验作为一名教育工作者的教学能力的提升，以及在教育教学工作中的创新精神，因此，教育机制在艺术设计教学中具有重要与深远的意义和作用。

第三节 高校法制教育教学模式创新

高校大学生法制教育是以育人为中心的思想政治教育工作，其根本目的是培养高素质人才，就目前来说，依然是一项任重道远的工作。

一、高校法制教育工作的背景

当前，我国全面依法治国的道路已逐步铺开，执法理念渗透于社会生活的方方面面，在不断完善的法治社会背景下，高校法制教育工作面临新的发展机遇，国家的大政方针、法治理念越来越受到大学生的普遍关注。国家一直把育人工作放在高校教育工作的首位，非常重视法制教育与法制宣传工作，希望高校能够在育人的过程中，促进法制教育工作落地生根，全面深化，开花结果。

在此背景下，为进一步弘扬社会主义法治，高校要积极推进法制教育工作的进一步规划与发展，健全全面育人机制，把培养创新型高素质人才作为高校的首要任务执行，逐步完善大学生的法治理念，提升个人法治素养，落实依法治国理念，实施依法治校思维，以此为契机推动社会主义法治建设快速发展，构建高校成熟的法制教育环境，切实全面提升大学生的法律知识和法治观念。

二、高校法制教育的重要性

高校法制教育是指高校通过开展教学活动，实施法治思维理念的引导式教育，大学生通过课堂学习，理解社会主义法治理念，懂得法治国家和新时代全面依法治国理念的重要性，具备法治思维和法治素养，促进法治行为的养成。目前，高校的法制教育主要是通过教育资源和手段实施的，法制教育的本质是利用现有的一切教育资源和手段，使学生掌握法治脉络，了解法律在国家体系中的设置，理解国家的立法理念、司法制度、执法行为等法治基础问题，进一步培养遵法守法的理念，这也是高校开展法制教育的根本目的所在。

高校依托现有的人文环境，以法治素养的养成为基础，探索大学生法制教育工作中遇到的困难，改革高校法制教育工作方法，借鉴国外法制教育工作模式，完善自身教育工作的不足，对促进高校教育工作的全面发展，提升全面育人效果具有深远意义。

三、高校法制教育存在的问题

（一）法制教育师资水平有待提高

高校从事法制教育工作的教师虽具备较高的学历，有着丰富的教学经验，但普遍缺乏法律素养，绝大多数高校的法制教育课程从属于公共课教研室，导致教师法律知识储备不充足。为了解决这个问题，多数教师自学法律知识或利用课余时间学习法学专业的相关课程，但由于时间短，且本身没有系统接受过法律教育，理解起来难免不够深入，使得其在涉及法律相关内容的讲解时，教学思路不清晰，教学内容讲述含糊不清。

这种法制教育教学模式造成一些教学内容出现走马观花的现象，学生对法制体系的理解一头雾水，无法深入理解法制教育的知识点。有的高校师资力量缺乏，一名教师要承担多个教学班级的教学任务，每周的教学工作任务繁重，备课时间少，教学经验不足，教学手段应用不理想，缺乏积极的思考能力，不善于改革教学模式，导致课堂教学效果不佳；有的高校甚至不重视集中备课环节，对于课前教学计划和相关准备要求甚少，不重视专业课教师的对外交流和培训，使得教师的教学方式和教学技巧无法改进。

（二）法制教育教学形式单一

目前，法制教育的课堂教学设计以讲授教材中的知识点为主，重点分析法治的逻辑关系，启发学生理解学习内容。高校教学活动仍以教师为实施主体，其主导课堂活动，教学分为课前准备、课堂讲解、课中互动、课后温习、期末考试等阶段，学生仍处于被动接受的地位，缺乏自主学习的环境。当课堂互动缺乏时，课堂教学便变成"灌输式"的教学形式，学生完全脱离自主思考模式，教学模式弊端凸显，课堂教学缺乏新意。

2016 年《关于中央部门所属高校深化教育教学改革的指导意见》明确指出，高校要致力于重塑本科教学课程内容和教学体系改革，依托教学硬件条件，建设优质的在线开放课程，开展线上线下混合式教学，推进教学方式方法的变革。

四、法制教育教学模式创新策略

（一）完善法制教育网络在线课程

高校法制教育的目标是通过教育手段引导学生提升自主分析和解决问题的能力，为了实现该目标，高校教师要考虑采用学生喜闻乐见的方式，充分利用手机、电脑等载体开展教育活动。目前，每名大学生都有一两部手机，每天使用手机至少 2 个小时。因此，学校可以建立网络在线课堂，将在线教学融入学生的学习生活中，学生可以利用碎片化时间，通过手机或电脑进行学习，这种方式顺应了学生的需求，是他们喜闻乐见的教学形式，可以实现提升学习效果的目的。

高校要加强法制教育在线开放精品课程的建设，通过慕课（MOOC）和超星学习通等网络教学平台开发思想道德修养与法律基础在线课程。在建设课程时，教师应根据教学目标设计学习任务，使学生能够理解所学内容；

应把所要学习的内容拆分为多个知识点，每个知识点录制 10 分钟左右的教学视频，并设置学生参与互动和回答问题的环节，在教学视频中设定启发式的任务点，启发学生参与知识点的提问回答环节，激励学生对视频教学内容进行回顾和总结。

在网络教学平台上建立教学班级，以 4~8 人为一组分成多个学习小组，通过学习视频中的知识内容，以小组学习的方式开展在线讨论和在线交流，教师预先设计问题并制定评价标准，在网络课程中设置学生参与学习以及在线讨论的权重分数，方便检验小组学习的学习效果。同时，教师要在小组学习中加入实际案例对所学内容进行补充，通过视频、音频和文本形式在线发放给小组进行讨论，及时地在线解决学生学习过程中的困惑，实现学生在线自主学习，增强学习效果。每次学习后教师都要鼓励学生参与课程章节中的课后测验，这样的测验能够在第一时间检验学生学习的效果，测验以选择题和简答题为主，答题数量在 10 道左右，便于学生通过手机或电脑迅速完成。

（二）开展法制教育混合式教学模式

首先，在课前教学环节中要进行法制教育教学前的准备。课前利用网络发布通知，要求学生在网络平台上预先学习教师转发的网络教学资源，内容可以涵盖最新的法律案例、时政要闻、国家法治建设大事等，同时告知学生教师要在课堂上对这些内容进行检验，要求学生在课堂上进行分析和讨论，进而充分发挥学生的自主性。

其次，在课堂教学过程中要充分发挥学生的主体性地位，通过设计课堂互动教学环节，检验学生课前学习的效果，让学生评述案例，然后由教师引导在课堂上进行分组讨论，通过案例加强对法制教育内容的理解。教师作为整个课堂的引导者和协调者，职责是充分调动学生主动分析问题的积极性，引导学生积极参与教学活动，总结知识点并讲授给学生，促进学生对法制教育教学内容中知识点的熟练掌握，并对积极参与课堂互动的学生给予相应的课堂分数，计入平时成绩。

再次，课后教学环节需利用网络教学平台建立课后测验题库，督促学生课后进入平台，随机抽取预先布置的课后测验。测验题可以设计为填空题、简答题等，每个人随机抽取的测验题均不相同。学生在线完成测验，形成测评分数，学期末进行综合排名，形成测评总分计入平时成绩。同时，平台也设置了讨论区和答疑区，学生有任何与课堂教学有关的建议和问题，都可以在线进行讨论、学习和交流，教师也可以通过平台与学生进行即时互动。

总之，法制教育课程的混合式教学有利于激发学生学习的热情，使枯燥的法制教育课堂变得灵活生动，充分调动学生学习的积极性，引导学生认真学习。

第四节　Web 2.0 时代高校教育教学的创新

在 Web 2.0 时代，学习已不是传统课堂学习模式，而是建立在互联网技术手段基础上的广阔范围的学习。本节旨在探索如何在开放式的社会化网络条件下建构教学平台和教学模式，并根据实际操作过程中存在的教学方法的滞后、学习方式的困惑、硬件设施和网络资源建设的薄弱等问题，提出高校要更新观念，加强培训，提升信息应用的整体能力；搭建移动学习平台，构建评价和控制体系；加大投资力度，推进校园数字化建设的改进措施。

近几年，随着被称为 Web 2.0 的新一代互联网信息技术的不断发展，以信息化为特征的教学环境的构建和教学资源的建设，正不断改变着传统高校教育教学的思维、观念和方法，以教师、课堂、书本为"三中心"的传统教学模式被广大教师和学生质疑。教师不但要传授学生以知识，还要给予学生以自主学习能力，学生也逐渐由过去单纯的信息接收者和使用者，转变为信息的传递者和创造者。为适应这种高度共享信息化资源的变化趋势，传统的教育教学模式必须要改革，而改革的重要途径就是构建新型的信息化教育教学模式。

在 Web 2.0 环境下，网络的社会化程度非常高，博客、微博、社会书签、资源分享网站、社交网络等应用层出不穷，为学生提供了极为丰富的学习资源和强有力的技术保障。在开放式的社会化网络中，教师与学生可以进行充分的交流沟通，形成参与性、动态性的学习环境，个性化开放式共享型的学习活动不断出现。

一、Web 2.0 时代教学理论依据和现实需求

（一）建构主义教学理念和 Web 2.0 特性不谋而合

进入 Web 2.0 信息时代以后，主张以学生为中心，强调师生交互手段的建构主义学习理论在教育教学技术实践发展中逐渐占据主流位置。构建主义理论的中心思想认为，学生的知识获取并不仅仅是通过教师的讲授，还应借助外部（包括教师、学生、社会）的支持，在一定的社会文化背景下，积极利用必要的技术手段，通过自身主动的学习构建获得。Web 2.0 技术可以把不同媒体、新旧信息进行整合，学生可以按照自己的实际情况选择学习内容，以提高学习的主动性、自觉性。Web 2.0 技术还有利于学生进行合作化学习。师生都可以把自己的研究成果在信息化平台上进行共享，不受时间和空间制约进行信息交流，以培养学生的合作精神和良好的人际关系能力。

（二）激发学生学习兴趣，培养学生自主学习能力

在传统的高校课堂中，学生只能被动地接受专业教师的程序化知识传授，无法选择课堂教学内容，更无法接触其他高校优秀教师、企业职业经理人的知识传授。Web2.0 时代的互联网可以解决这个难题。Web2.0 互联网打破了时间和空间的局限，改变了单纯从教师或课本获取知识信息的单一格局，学

生通过 Web2.0 互联网可以获取更多新的知识，进而培养了学生能动学习和比较好地利用网络知识的本领，使其在更大范围内获取知识，扩宽了知识视野，进一步激发了学习兴趣，培养了参与意识。

（三）教学资源的共享教学成本相对较低

知识传授、互动及创造活动需要多方互动，在传统的学习及知识创造场景下，需要知识传递方和接收方共同在场，因而对时间有着严格的要求。计算机网络所具有的信息容量大、信息传播快等优点，是其他教学设备没有办法比拟的。通过网络的资源共享，高校实现了低成本的知识互动，使得知识供应方一次分享、知识获取方不受时间限制的多次、多人受益；同时对场地、设备等没有额外要求，成本更低。

（四）跨越师生空间距离，链接行业直通教学

现在很多高校新校区远离市区，远离教师居住区，使得以前教师课后深入教室和寝室当面指导学生的优良传统难以坚持，但移动数字课堂利用互联网络和数字传播技术可以解决师生难以普遍化持续性当面交流的问题。数字媒体传播在新闻界和企业界的应用最为直接和广泛，通过数字媒体可以建立起连接行业资讯与专业教育的数字媒体课堂，大大缩短了专业教育与行业实践的距离，大大加强了专业教育与行业实践的联系。

二、Web 2.0 时代教学平台设计和教学模式构建

（一）教学平台设计

教学平台是一个面向学校教务管理人员、教师和学生，为其提供服务的教学管理系统。教学平台建设与设计会促进教师改革教学内容与教学方法，引发学生学习方式变革，提高高校教学质量。笔者把基于 Web2.0 技术的教学平台分为两大模块：教学共享资源库、互动交流系统。

教学共享资源库是一个以学习资源库和实训项目资源库为基础的共享型专业教学资源库，包括专业标准资源、IT 信息资源及工具、网络课程资源、项目案例及实训资源、多媒体素材及教学视频、专题特色资源、核心能力测试题库，以数字化校园网络平台为支撑，为师生、合作企业和社会学习者提供资源检索、信息查询、资料下载、教学指导、学习咨询、就业支持、人员培训等服务。所有教师与学生均可以在网络平台上建立个人空间，实时上传教师教学过程资料、学生学习过程资料，实现教学资料的积累与共享。

互动交流系统是教学平台的主要部分，具有实现学生作业上传与批阅、师生在线答疑与交流等功能，主要包括在线交互（虚拟社区）、作业管理和在线评测等子系统。该系统为客户提供博客、Wiki、BBS、网上调查等读者交流、互动的个性空间。博客既可以系统表达自己的观点、看法，也可以浏览其他博客作者的文章，获取系统化的显性知识。微博的内容篇幅短、丰富，时间成本更低，提供了一个日常"观察""聆听"知名学者、企业家和经理人所做所思、所察所闻，通过"耳濡目染"的方式学习显性知识和大量需要观察、互动、体悟才能获得的专业性隐性知识的机会。维基百科是一个任何人都能参与、有多种语言的百科全书协作计划，通过它可以获取相关的定义、分类、描述、理论介绍等文献知识。社交网络主要是熟人之间在社交网络平台建立朋友关系，用户发表自己日常的行动、观察、思考，同时也了解朋友的行动、观察和思考。

（二）教学模式的构建

基于 Web2.0 的教学模式主要有以下几种类型：

传授型教学模式。为促进学生对课程理论的理解，可以采取传授型教学模式，即把教学计划、课程内容、讲义或课件放到 Web2.0 平台上，供同学下载学习，同时发布学习要求和作业，采用同步式或异步式的方法，进行课程指导，学生的参与度较高。

问题型教学模式。即教师把教学内容设计为具体的责任和任务，要求学生通过完成任务实现对课程内容的学习；教师利用博客提供课程背景资料和评价，要求学生在学习和思索中形成对问题的看法和见解。

协作型教学模式。以学习社区或团队的形式，利用共享的学习资源，教师仅起到引领作用，主要依靠学生的主动性来完成项目，最后教师给团队做出总结性评价。

自主型教学模式。即充分发挥学生的自主学习能力，让学生建立自己的博客和微博，加入社区，充当管理员，发起讨论，运用自己所学知识拓展自身的知识领域，完善知识结构，构建自主化的知识体系，把研究成果传入学习社区，丰富教学资源。

三、Web 2.0 时代教育教学存在的问题

（一）教师教学方法的滞后

教师由于长期采用传统的教学方法，形成了固定的教学思维定式，未能深刻理解 Web2.0 时代的教育教学特征，只是机械地把课本的内容简单复制到电子课件上，使用多媒体进行讲解传授，没有真正实现与学生的互动，并未激发学生主动学习的热情。或者教师过于关注教学节奏，追求课堂内容的"多、快、新"，导致学生无法消化吸收课堂内容，学生在学习过程中没有自己独立思考和寻找知识的时间和空间。

（二）学生学习方式的困惑

学生不适应新的教学平台的应用，许多学生未能掌握新的学习方法，不知道怎么使用 Web2.0 的相关教学工具，由于缺乏自主学习和与人沟通的能力，无法把线上学习和线下学习有机组合，达不到预期的学习效果。网络环境虽然对学生自学非常有帮助，但是网络学习材料并没有进行科学合理的分类，大多数学生主要还是依靠教师进行课程的指导和分派任务，还不

是真正意义的自主学习。

（三）硬件设施和网络资源建设的薄弱

部分高校的硬件设施不完善，环境嘈杂，监督机制不完善，校园网覆盖率尤其是无线网络覆盖率和带宽不足，使得学习效果大打折扣。另外，多媒体的使用频率过高，使得多媒体变成了 Web2.0 教学的主角，自主学习知识反而成了配角；多媒体课堂教学也逐渐形成一种固定的 Web2.0 教学模式，学生产生厌烦情绪。部分高校虽然积极开展网络资源建设和软件开发，但网络资源获取比较困难，且受多媒体课件制作工艺水平的制约，网络课件普遍质量不高。

四、Web 2.0 时代教学改革的对策

（一）更新观念、加强培训，提升信息应用的整体能力

面对信息技术的飞速发展，学生的需求呈现出多样化和个性化趋势，这就要求作为传道授业的广大教师必须更新教育理念，优化教学内容、课程体系、教学方法和手段，熟悉并掌握各类信息交流工具，充分利用 Web 2.0 平台与学生进行交流沟通。高校可以采取岗位技能培训、专题讲座的形式，对教师的信息软件应用能力进行培训，提高教师的教学水平；同时，也应加强对学生的信息素质教育，提升学生应用信息工具的能力，从而促进教学质量整体提高。

（二）搭建移动学习平台，构建评价和控制体系

积极采用基于云计算的数字移动学习平台，实现全天候的自由个性化学习与沟通。平台的设计可以根据学校和学生的实际情况进行选择，如利用博客、微博、BBS 等手段，让学生畅谈学习的苦和乐，交流学习资源。针对 Web2.0 制定人才培养方案、教学实施细则、学习评价体系和教学质量控

制系统，注重与传统的教学评价控制体系的融合，保证 Web 2.0 教学与传统教学取长补短，互为补充，形成一个相辅相成的有机系统。

（三）加大投资力度推进校园数字化建设

Web 2.0 教学改革离不开数字化校园建设工作，各级教育主管部门和电信通信企业应加强对校园信息工程建设的支持。可以采取以点带面、分步实施的方法，从重点教学区域开始实现数字化网络覆盖，再推进到生活服务区，最终实现校园网络的全覆盖；做好资源整合，利用已有的相关移动通信设备，在移动互联网和智能手机快速发展趋于普及的背景下，可以随时随地登录网络，通过账户的形式实现从公共网络访问校园网络；根据使用者的主观操作和各级别用户的需要，如教师账户、学生账户、行政管理人员账户，对校园的资源和权限进行分类管理。

第五节　基于高校教学改革的教育教学协同创新

现阶段，高校教学改革仍然是教育领域不可忽视的重要研究课题。在以创新为核心的教育改革发展进程中，高校应积极探索教学发展的新形式，进而在教育教学协同创新视野下，重新定位教学管理目标，促进教育创新与教学改革创新的协调发展。高校教学创新改革发展的有效生成体现在知识观、教学策略的转变以及教育制度和教学体系创新的全过程，不仅要在教育思想、教育理念和教育方法上相互贯通，还应该渗透在课堂教学的各个方面、各个环节之中。

21 世纪，随着云计算、大数据、物联网和人工智能等新一代信息技术的飞速发展和深入应用，人类已经步入信息社会和智能社会。知识经济和信息技术不仅在改变着现在的教育，同时也在塑造着未来的教育。新的时代背景不仅对教育改革发展提出了新的要求，同时也对人才培养提出了更高的目标。高校是人才培养基地，因此，必须紧跟时代发展潮流与趋势，将教育教学协同创新真正作为高等教育改革的突破口和重中之重。

一、基于教育教学协同创新背景的高校教学改革发展

教育发展正面临着新机遇与新挑战。从根本上讲，高校教学改革建设就是在技术时代发展的道路上谋求"学校教育教学协同创新发展"的过程。教育教学协同创新作为一种新的教育理念，并不是独立于德、智、体、美、劳之外的一种实体性存在，而是渗透在学校教学的方方面面，为学校的创新发展提供契机与动力。

（一）教育创新是时代发展的内在要求

教育是服务社会需要的基本制度，教育体系的演进本身具有系统性、一致性和可伸缩性的特点，它不仅应该是全面的、可持续的，而且是与时俱进、不断发展的。知识经济的时代呼唤创新的教育。"创新"一词来源于英文"innovation"，一般解释为科技上的发明、创造，后来意义发生推广，用于指代在人的主观作用推动下产生所有以前没有的设想、技术、教育、文化、商业或者社会方面的关系。作为人类进步的首要力量，作为社会经济发展的一种全新模式，创新在某种程度上被赋予了一种战略意义，它不仅构成了一个国家经济发展战略的支点，同时也蕴含了对创新类型、制度、组织、活动等要素的系统规划。正因为创新是建立在人们高度自觉的精神基础上的，创新在国家社会经济发展中的作用才不断加强。

创新时代赋予教育教学协同创新的使命。教育教学协同创新在创新型国家建设和高校发展中起到了不可替代的作用。当前，经济与社会高速发展所积累的民生与社会问题凸显，人民日益增长的美好生活的需要同不平衡不充分的发展之间的矛盾成为国内社会的主要矛盾。在教育上主要表现为

优质教育资源紧缺，城乡、区域教育发展不均衡，升学压力与日俱增等问题。面对教育资源尤其是优质教育资源的供需矛盾，高校教育教学改革必须跨越高校发展的"瓶颈"，积极转变教学思维，革除旧的教学发展模式，寻求高校创新发展的新途径，以满足社会对优质创新型人才的要求。高校教育教学改革是在开放与控制、解放与适应中生成和发展的，它所强调的包括教育体制与教育管理模式的创新、教学方法与教学内容的变革以及教育功能与教育目标的重新定位，不仅具有全局性、结构性、发展性的特点，还是新时代背景下高等教育教学发展的价值与追求。本节所说的高校教育教学协同创新，主要是指在创新概念提出的背景下，教育体制与高校教学内部各要素之间基于一定的价值观，在相互影响和相互作用过程中所产生的方法、制度以及实践层面上的变革。

（二）实现教育教学协同创新与高校教学改革的协调发展

21 世纪是一个创新的社会，经济社会的创新发展对教育提出了新的要求，教育从经济发展的边缘位置开始走向中心，教育教学协同创新由此构成了创新结构范畴中最核心的内容之一。自古以来，高等教育就负有培养高素质人才、提高全民族综合创新能力的使命。在当前这样一个紧迫的发展背景下，高等教育改革必须实现教学体制创新，及时剔除不合时宜的、呆板僵化的教育制度，摒弃"以课堂知识为本"的传统教学思想，破除重知识轻实践、重分数轻素质的传统教学弊端。如果继续紧守传统的教育模式，就会束缚创新的手脚，教育教学协同创新就难有生存的土壤。从这个意义上来讲，教育教学协同创新以其特有的号召力与影响力推动着高校教学改革的发展，促进高校教学体制不断适应教育教学协同创新的需要。

高校教学改革水平的高低影响着教育教学协同创新的成效。高校教学改革是一项复杂的工程，需要各方面的协同配合，要在创新中快速找到教学改革的切入点，必须立足未来，根据社会对人才素质的要求以及发展新趋势，精确选准制高点。在教学方面，要落实好"学校本位"课程的开发，在探索、调整、改进、优化的过程中形成相对优势，为有特殊才能的学生创造良好的条件，形成具有自身特点的教学体制，而不是机械地强调"人无我有"。作为教学最重要的主体之一的高校教师的创新素养是教育创新的关键。在基础层面，要求高校教师爱岗敬业、乐于奉献；在知识经济时代塑造创新人格的具体化层面，具体包括教学方法创新的自觉性、开发和利用教育资源的创造性、科学揭示创新人才成长的规律等。

总而言之，教学改革水平成效高，教育教学协同创新的效果就好；如若教学改革混乱，势必会影响教育教学协同创新的效果。可以看出，高校教学改革离不开教育教学协同创新这片沃土，因此高校有必要在充分厘清两者关系的基础上实现教学改革与教育教学创新的协调发展。

二、高校教学改革的紧迫性

科学技术与时代的变迁给教育尤其是高校教育带来了巨大的冲击与挑战，人类社会的生产生活方式，乃至思维、行为和学习方式都受到了不同程度的影响。互联网通过其强大的云计算和数据处理功能，能够及时有效地对信息知识进行新的加工、组合和整理，加快了教学内容更新的速度，扩大了知识的含量，为学生提供了一个资源丰富、方便快捷的学习环境。网络所带来的大量的知识和最新的信息，使得高校开始对传统课堂进行重新考量，越来越多的教师也逐渐倾向于网络信息化教学。应信息化社会发展的要求，更新教育理念、变革教育模式、重构教育体制、培养创新创业人才，已成为高校教学改革的必然要求和现实选择。

21 世纪是知识、经济、科技相互交织的时代，同时也更加追求人才的高质量与高效益。教育现代化的本质是人的现代化，核心是教育思想和教育理念的现代化。中共中央办公厅和国务院办公厅联合印发了《关于深化教育体制机制改革的意见》（2017年），提出要营造健康的教育生态，大力宣传普及适合的教育才是最好的教育、全面发展、人人皆可成才、终身学习等科学教育理念，系统推进育人方式、办学模式、管理体制、保障机制改革，使各级各类教育更加符合教育规律、人才成长规律，更能促进人的全面发展。在这种形势下，必须进一步重视对高校教学改革的研究，以提升高校的整体教学水平，为社会培养具有可持续创新能力的人才。

三、高校教学改革发展的视角

（一）高校教育教学的创新价值

现代的教学不仅仅是师生互动的双边活动，还代表着一种建构性与生成性的文化，并要以一定的主体形态进入教学过程，承担起培养学生的创造与建构意识、能力及文化主体身份的使命。任何一种教学思想与教学模式，都是经济社会发展到特定阶段时内在要求的产物。实施教育与教学创新的协调发展，是当代高校改革与发展的一个重要课题。

高校教学的核心价值取向理应从培养创新精神入手，以提高创新能力为核心，促使个体在实践教学活动中自我展示、自我实现、自我创造的不断生成。人的创新精神和能力大致分为两部分：一部分是与生俱来的先天禀赋，可以称为人的"初始创新资源"；另一部分是后天习得的，可称为"积累性创造资源"，是形成人的创新能力的主体。值得注意的是，这种原生的、天然状态的创新资源是不稳定的，如果后期得不到合理的开发与训练，极容易流失，从而造成一种无形的人才资源的浪费；而后天习得的这部分创新资源尽管是社会和实践的产物，也必须进行深度开发，只有经过科学的提炼与升华，才能真正转化为创新素质。面对经济社会对创新型人才的呼唤，高校教学改革必须统筹兼顾，在课程体系、教育教学的实践活动设计中，着重培养和开发学生的创新精神与自我创造能力，为社会主义建设提供高质的劳动力和智力支持，满足教育创新时代的需求。

（二）高校教学改革发展的目标

教学目标是连接教育现实与教育理想的主要联结点。一方面，高校教学改革要立足实践，抓重点、攻难点；另一方面，高校在开展课堂教学活动时，只有环环紧扣教学目标，才能真正实现学生从浅层学习向深层学习的转变。

1.以人为本，实现人本化教学

"人本"是指在自然、社会与人的关系上，人是主体，是目的和标准。"以人为本"的教育理念主张在教育教学中要把人放在第一位，强调以人的发展特别是作为教育对象的具体的个人的发展为根本。"以人为本"观念最初出现在文艺复兴运动时期，但真正从哲学上把对抽象"人"的关注转移到对个体生命价值的"人"的关注则经历了漫长的过程。随着马克思主义的产生与发展，"以人为本"的理念逐渐得到真正的科学说明，并广泛地渗透到政治、经济、教育等领域。

教学要遵循学生的主体性原则，尊重学生受教育的权利，帮助学生真正理解和掌握知识技能。高校是培养人才的重要基地，在高校的教学管理中，教学目标的实现既要靠学生自主学习，同时也要靠教师辅助实施，其中包括优化课堂教与学的行为分析，探讨学生的学习能力、创新能力以及合作与交往能力，这就要求教师采用全新的人才培养模式，注重尊重和调动学生积极性，提高教育教学的效益。

2.把握教学规律，尊重学生个体差异

正如马克思所说："人们在实践中，通过大量的外部现象，可以认识或发现客观规律，并用这种认识指导实践。要想在活动中获得预期的目的，就要从实际出发,坚持实事求是,认识和尊重客观规律,按照客观规律办事。"①学生作为受教育者,由于其个体智能发展的多元性,决定了学生之间存在不同的个性特征,具备不同的知识建构能力。高校培养的人才应该是多规格的,对于不同特点的学生要采取不同的衡量标准。教师要及时转变角色和态度,最大限度地利用学生的个性特点和潜能实施分层教学,不以个人期望改变学生,因势利导,用发展的眼光对待学生。

3.培养高阶能力,鼓励自我创新和自我发展

现阶段,以科学知识为代表的经济社会的发展对人才素质提出了更高的要求,强调在不忽视基本素养(读、写、算)的前提下,强调人才尤其是创新型人才的学习、问题求解、决策、批判性思维、信息素养、团队协作、兼容能力、获取隐性知识、自我管理和可持续发展能力,在教学目标分类中主要表现为较高认知层次上的心智活动及认知能力,如分析、综合、评价、创造、演绎、推理等。这些能力相互关联、相互作用,共同为促进人才的可持续发展提供导向。未来的信息社会充斥着各类复杂的需求和矛盾,能力的培养和思维的多元性就显得十分必要。因此,高校在教育教学过程中,要运用恰当的工具,采取相应的教学支持,实行一系列有针对性的强化练习,着重培养学生的高阶思维能力,踏实有力地帮助学生实现人生价值。

(三)大学生学习的内在机制

苏联心理学家列昂节夫等人认为,人的心理、意识等一切活动的结构都是环状的,在与环境对象的实际接触中,借助内导作用和返回机制,调整并充实初始导入的映像。学习作为一种特殊的社会性活动,也近似一种环状

① 这段文字出自《马克思恩格斯选集》中的《实践论》(On Practice)。在这篇文章中,马克思强调了实践的重要性,指出人们通过实践可以认识客观规律,并将这种认识用于指导实际行动。他强调了实事求是的原则,认为在实际活动中要从实际出发,尊重客观规律,并根据这些规律来指导行动。这一观点在马克思主义理论中具有重要地位,强调了实践与理论的密切关系。

结构，由定向、执行、反馈三个环节共同组成。探讨大学生学习的内在机制，能够更加深入准确地把握高等教育阶段学习的实质，进而采取有效措施促进高校大学生学习。借鉴已有研究成果，笔者认为应聚焦到以下几个方面：

第一是大学生学习的特征。大学生作为社会成员之一，其学习活动具备人类学习的一般特点，但在整个教育系统中，大学生处于一种特殊地位，使得大学生的学习活动不同于一般人类的学习。研究当代大学生学习的内在特点是实践研究的热点问题，初步得出的结论是：必须基于现代学习观，结合大学生自身学习的特征，通过接受性、建构性的学习模式促进个体的内在发展。

第二是大学生对活动的认识方式。教学活动就其本质而言是一种特殊的认识性活动，学生认识活动的方式基本是在教师的指导下进行的掌握学习。无论是探究型活动还是创造性活动，均强调学习的自我感标准，从而建立对外部世界的符号化的认知与理解，更好地引导学生深层、深度、深刻学习。

第三是学习动机与学习积极性。学习动机可通过外在的学习行为反映出来，而学习积极性则是学习动机最直接的外在表现，不同水平的学习积极性直接影响着学习的实际效果。教师要经常通过观察，有意识地识别学生可能存在的动机问题，根据个体在注意状态、情绪状态和意志状态这三方面的情况，如学生是否注意教师，能否迅速开始某项活动，能否主动地选择具有挑战性的学习活动等，判断学生是否存在动机问题。

四、高校教学创新改革发展的有效生成

教学改革是一项受新教育思想发展影响的动态观念，具备综合性、全面性和技术性的特点，直接服从于人才素质培养模式。高等学校教学管理在实现创新发展的道路上形成了诸多理论与实践经验，不同形式的观点的呈现不仅为深化研究提供了充足的思考空间，同时还促使高校教学改革不断

迈上新的台阶。

（一）转变知识观，提升课堂教育涵养是高校教学创新发展的条件

要提升课堂教育涵养，必须革除静态的固象化的知识观，建立以知识价值为主的教育学立场，克服对象化教学的局限性。严格意义上的高校课堂教学要同时实现教学运作方式、课堂授课手段的更新，更要从思想认识观念及教师教学素质上实现创新。高校管理者要深刻思考在教育创新条件下，高校的教育教学需要遵循什么原则，树立哪种观念，实现何种目标，现行的教学方式是否符合创新发展的要求，等等。

传统的教学思想侧重的是学生对于书本知识的掌握，认为教学是传授人类科学文化知识的"特殊的认识过程"，是以知识为中心建立起来的一种传与授的活动。一直以来，传统的课堂把知识作为唯一的对象和结果来传授，教师一味地教，学生一味地背，不去追求学生在习得后发生了怎样的变化与发展，这显然是一种静态僵化的知识观。高校教学改革创新不是为所有的学生统一确立一个必须实现的终极性目标，而是不断地培植、挖掘学生发展的可能性与潜力。真正具备教育涵养的课堂不仅仅是浅层的方法与技术性的改革，而是以创新为使命，达到观念乃至系统内部的根本性变革。知识只是实现个体发展的工具和形成创新能力的基础。学生学习和掌握知识并不仅仅是为了知识本身，而是在掌握客观知识的基础上基于个人生命和生活体验，学会自主建构，并把所学的知识转化为能力，成为处世的价值观和方法论。

（二）强调课堂的创新性、发展性品质，为创新人才培养奠定基础

课堂教学策略的实施最终落在教与学的行为分析上。在日常学习活动中，教学应重点体现学生的自我监控、自我管理、积极探索、表达交流以及合作探究，因此，高校教师在选择和采用教学策略时应主要体现以下几点：

第一，学会理解。理解是与学生交往的基础，为理解而教是教学的出发点。教师要积极创设学习情境，适时开展情景对话、课堂活动，帮助学生理解特定事物的本质及其规律、价值、思想、方法和意义。第二，任务导向。教师应建立清晰、明确的课程学习任务，将完整的课程目标、学习过程和学习方式任务化，引导学生主动探索任务活动的价值与意义。第三，启发式教学。启发，是启发学生独立思考，让学生能够自己思考问题的答案以及解决问题的方法，这种教学方法强调教师是主导，教学过程虽然由教师组织，但学生依旧是学习的主体。大学课堂尤其重视学生的逻辑思维和灵活应变能力，启发式教学承认学生是有灵性、有理性、有感性的能动主体，其主动性特征有助于学生行为协调和智力发展。

（三）建设有利于创新型人才成长的制度环境

现代社会经济结构的调整要求高等教育转向以提高质量为中心的内涵式发展，实行更加灵活的教育教学制度，从而提供适合学生个性发展和自主创新的空间。让学生参与管理是高校教育制度改革不可忽视的一面。高校教育制度是为了满足全体教师和学生的需求，为全体成员谋福祉。推动高校教育教学制度创新，让学生积极参与制度建构的过程，并没有否定高校管理制度的权威性，相反，学生的参与体现了一种尊重、一种责任感，给学生更多的自主管理权，能更有效地唤起学生主体责任感，培养公民意识，促进学生自由而全面的发展。但是，仅有参与是不够的，更重要的是提升学生参与制度建设的品质。高校要建设开放化、多样化的教育制度和教学管理体系，一方面要更新观念，转变学生对制度建设"事不关己""流于形式"的态度，为学生提供更多自觉选择和自由表达的空间，使教育教学制度的设计更具科学性和有效性；另一方面要提高学生基本的协商民主精神，强化公民意识，保证学生参与的高品质与高质量，从而营造有利于人才培养的和谐的制度环境。

要有效地实现教育创新目标，建立适应知识经济时代要求的人才创新模式，必须正确处理高校教学改革和创新的关系，正确诠释高校教育教学发展的目标与内涵，这无论对教育教学协同创新理论的推进以及高校教学体制的进一步深化，具有十分重要的意义。

第五章 高校教育教学方法的改革

第一节 高校教育教学方法改革创新的必要性

教学是高校的中心工作，教学方法是实现教学目标、保证教学质量的重要手段。为提高教学质量，优化教学效果，各高校纷纷推行教学改革，其中，教学方法的改革是深化教学改革的重要突破口和切入点。很多学者对高校教学方法改革十分关注，并进行了许多有益的探索和研究，本节将就此进行回顾和总结。

一、关于高校教学方法的界定

高校教学方法是一个多维概念，既体现出"教学方法"的基本含义，又体现出"高校"的属性和功能。高校教学方法从属于整个教学方法体系，是"教学方法"的基本含义在高校教学领域的具体体现，但由于高校教育对象的特殊性，高校教学方法有着区别于一般教学方法的特性。有学者认为高校教学方法主要有三个方面的特点："师生共同控制信息的传递；教师教的成分逐渐减少，学生自学的成分随着年级的升高而递增；教学方法与研究方法相互渗透和结合。"根据高等教育的专门性和大学生身心发展的特点，笔者认为高校教学方法区别于普通教学方法的特殊性就表现为明确的专业指向性和与科学研究方法的接近性。

二、教学方法改革的迫切性和必要性

目前，学术界关于高校教学方法改革的必要性和迫切性的研究相当多，研究者从不同视角进行了深入分析。综合已有的研究成果，可将高校实行教学方法改革的动因概括为以下几个方面：一是传统教学方法存在诸多弊端。传统"满堂灌"式的教学方法忽视了学生的主体性、能动性和创造性，扼杀了学生的个性，不利于学生的全面发展，因此必须改革这种陈旧、落后的教学方法。这是应对知识经济时代现代科学技术迅猛发展带来挑战的必然选择。二是高等教育改革的迫切要求。教学方法改革是高校教学改革的重要内容，高校应该把教学方法的改革作为全面推行教学改革的重要突破口和切入点。三是现代教育观念和教育思想的确立，要求高校必须改革教学方法，促进现代教育技术的发展和推广应用。

在大规模的高校教学改革的影响下，我国高校教学方法的改革如火如荼地开展着。传统的注入式的教学方法受到普遍的批判，人们迫切要求在教学方法中融入新的元素，发现法、情境教学法、案例教学法等得到认可，并得以推广试行，也取得了不错的成果。综合有关学者的研究，笔者认为当前我国高校教学方法的改革虽然取得了一些不错的成果，但从整体上来看，教学方法改革仍很薄弱，缺乏突破，需要相关部门给予高度重视。

学者们基于比较的视角对国外高校教学方法的改革进行了有价值的研究。其中，有学者指出，尽管各国的文化背景、教育传统存在差异，但面对相同的时代背景和挑战，各高校在教学方法改革上呈现出如下一些共同点：重视讨论和交流、重视合作学习、重视探究和创新精神的培养、注重个体化、重视采用现代教学技术。

三、高校教学方法改革的阻力

为什么高校教学方法的改革难度大？到底是什么在阻碍着高校教学方法的改革？学者们仁者见仁、智者见智，可谓各有千秋。

有学者从主观和客观两个角度探讨了高校改革教学方法的阻力，客观因素主要有：缺乏必要的物质保障；师资力量紧缺；各类评价指标中关于教学方法的评价标准模糊，缺乏可操作性；管理条框的约束等。主观方面的因素则包括认识理念因素、能力因素和管理因素等。

当前阻碍高校教学方法改革顺利进行的因素是多方面的，存在于各个角色和流程中，有理念的问题，有条件的问题，有技术的问题，有管理和制度方面的问题，以及各方面的相互协调问题等。

四、教学方法改革的方向及应对之策

（一）改革方向

虽然各高校的具体情况不尽相同，但在教学方法改革的方向上表现出了大致相同的趋势。学者们对这个问题的研究较多，虽然表述不一，但总的来说，学者们对高校教学方法改革的方向有一些普遍的认同。

笔者在综合相关学者观点的基础上，得出如下结论：一是在教学方法的功能上，由"授人以鱼"到"授人以渔"，由重视知识传授走向重视知识传授、能力培养与素质提高；二是在教学方法的指导思想上，由注入式转向启发式；三是在教学方法的结构上，由以教师讲授为主发展为教师讲授和学生自学相结合，强调多种教学方法相结合，注重教学方法的整体改革和教学方法选择的最优化；四是在参与主体方面，由单向性走向多向性，教法和学法相结合，由重"教"轻"学"转到重"学"；五是充分运用现代化的教学技术和手段，注重多媒体的选择和使用；六是在教学过程中加强理论和实践的结合，突破教学活动的空间限制，让教学走向"社会大课堂"；七是重视教学活动的继承性和发展性，注意处理好二者的关系。

（二）应对之策

有学者认为，当前高校教学方法改革面临诸多困境：一是教师投身教学改革的动力不足；二是扩招导致教学条件不足，尤其是师资严重不足；三是教学内容改革存在着保守与冒进并存的不足；四是贬低讲授在课堂教学中的作用；五是用课堂效果等同于教学效果，唯方法而方法；六是忽视学生在教学改革中的作用。根据有关学者的观点，可将当前高校教学方法改革面临的困境概括为以下几个方面：教师和学生对教学方法改革的认识存在诸多不足；高校现有的条件和技术有限；各层次之间的协调配合不到位。

针对高校改革教学方法过程中面临的困境和误区，学者们在研究的基础上给出了行之有效的建议，综合起来主要有以下几个方面：第一，加快更新教育思想，转变教育观念，以更好地指导高校教学方法的改革；第二，对广大教师进行专门的教学方法的培训，提高他们运用教学方法的能力；第三，改革教育管理体制；第四，多开关于教学方法的研讨会，改进对教学方法成果奖的评审方法，加大对成功教学方法宣传和推广的力度；第五，发挥学生在教学方法改革中的重要作用，提升他们适应新型教学方法的能力；第六，学校必须提供必要的物质和制度保障；第七，尽快实现教学考核的规范化、制度化、科学化，把教学方法的改革作为教学考核的一个重要内容。

纵观国内外关于高校教学方法改革的研究，可以发现，研究的面很广，除上述方面外，还涉及学科教学方法改革、素质教育要求下的教学方法改革、现代科学技术发展对高校教学方法改革的要求等等，这些研究都取得了很大进展，对高校教学方法改革的实践提供了一些很好的帮助，但当前的研究也存在着诸多不足，亟待改进。

有些方面的研究不够深入，仅限于表面，没有深入挖掘，如对高校教学方法改革面临的诸多困境及其原因的研究就有待进一步加强。对高校教学方法改革进行研究的目的就是更好地指导实践，推进高校教学方法改革，但现状是理论研究较多，而可操作性的实证研究却很少，这样研究就缺乏针对性，无法给高校和教师提供有效的可操作的建议。教学方法改革不仅要注重创新，而且应重视继承和借鉴，继承传统教学方法的精华部分，借鉴高校教学方法改革的有益经验。

高校教学方法改革关系到高校教学改革的进展，关系到高校的教学质量，关系到人才培养的质量，进而关系到整个社会的文明程度，关系到国家的综合国力和国际竞争力。因此，对高校教学方法改革进行更深入的研究是非常有必要的。

第二节　高校教育教学方法改革创新理论研究

一、教学方法内涵的理论问题分析

第一，持有这种观点的理论界人士错误地把教师选择教学方法时应综合考虑学生实际的学习规律这一行为与学习方法混为一谈；第二，这些人还错误地假定学生原来使用的学习方法是正确的，并没有考虑这种假定是否能站住脚。其实，教学方法在西方教育界被定义为教学的方法"method of teaching"，而不是将其称为教与学的方法"method of teaching and learning"，因此，我国的教育界人士应参考先进理论知识，正确认识教学方法的内涵，这样才能为我国高校的教学方法改革提供理论依据，而不是造成思想上的混淆。当然，参考先进的教学方法理论，并不是一味照搬，而应综合考虑实际情况，对其进行一定的改造，这样才能更好地对我国的学生进行良好的教育。

二、教学方法性质的理论问题分析

当前，在课程改革背景下，在教育界经常会听到诸如"教学方法过于滞后""优化并改革传统的教学方法""改变陈旧的教学方法"等论断。这些论断表明，在我国教育界很多人的思想认识中，教学方法是有优劣、高低之分的。其实不然，我国现代著名教育家叶圣陶曾经说过："教学有法，教无定法，贵在得法。"这句话就充分说明了教学方法并无高低、贵贱、优劣之分，只要使用恰当，任何方法都是好的教学方法。

但在当前的高校教学方法改革中，常常有教师会提出这样的问题："在××教学中，哪种教学方法最好？"这句话充分显示了在这些教师的心目中，教学方法有好的，也有不好的。这种思想虽然并没有什么不对的地方，但过于机械。每一位教师在一堂课的教学中都不可能采用一种教学方法，而且，教学方法滞后的说法也并不是意味着教学方法本身陈旧、滞后，具有优劣高低之分，而是指教师在采用这些教学方法时所持有的教学观念是陈旧的、落后的。在这种陈旧、落后的教学观念引导下，这些教学方法才无法发挥出应用的功效。举个简单的例子：在高校的英语教学中，可能某种教学方法效果极佳，但将这种教学方法运用到思想教育中可能就无法取得理想的效果；相反，可能对于英语教学无用的教学方法却在思政教育中发挥出巨大的功效。这就说明，任何一种教学方法都有其自身独特的作用和功效，只要抓住这种教学方法的精髓，教师再结合自身的特点开展教学活动，就可能获得巨大的成功，这种教学方法就可能成为一种有效的教学方法。因此，在实际教学中，教学方法并没有什么高低、贵贱和优劣之分。

三、高校教学方法特殊性的理论问题分析

当前，在我国教育界，对于高校教学方法是否具有特殊性的认识已经达

成了共识。高教理论界普遍认为，相较于义务教育和高中教育，高校教育的教学方法具有较大的差异。但在谈及这种特殊性的具体表现时，高教理论界却具有较大分歧。很多学者认为，在高校的教育中，因为当前我国经济发展已经进入新常态，社会对人才的需求发生了极大的改变，而且高校的人才培养目标也发生了较大的转变，教师的比重逐渐降低，实践的比重越来越高，因此，教学方法应越来越重视实践教学。但在实际教学中，义务教育阶段和高中教育阶段也都十分重视实践教学，并开设了综合实践教学课程，因此，这种观点并不妥帖。有的学者认为，当前的高校教学更加重视信息化教育，很多教师借助信息技术手段，纷纷采用翻转课堂教学模式，使"教"的比重越来越低；学生自主学习的比重逐渐增加，而且学习的方法也逐渐由再现式转变为探究式，这就是高校教学方法特殊性的显著表现。但根据笔者在前文关于教学方法内涵的阐述，这种特殊性的理由也站不住脚。还有部分学者认为，在高校教学中，教师采用的教学法由过去的"灌输法""传授法"转变为指导法，这是高校教学方法特殊性的显著体现。但根据笔者在教学方法性质中的分析，教学方法本身并没有高低、贵贱和优劣之分，这种观点显然也是站不住脚的。因此，要认识这种特殊性，笔者认为高教理论界的学者应从高校与义务教育及高中教育最基本的特点进行分析。我国相关教育学者对高等教育阐述归纳的两个基本特点：专业教育和学生身心发展的特点，能明显地体现出高校教育中教学方法的特殊性。首先，高校专业教育的特点。当前我国各大高校最大的特点就是培养的学生是我国社会各行各业所需要的、专门的人才，学生学习的也是都专业的知识，具有很强的专业针对性，同时也更具探索性。其次，高校学生身心发展的特点。高校的学生在生理和心理方面已经趋于成熟，对事物的认识更加深刻，也更加理性，因此，他们学习知识不再是简单地对知识进行吸收，并形成一般的能力，而是更加深入地探究科学知识，掌握科学的方法论和构成思想基础的方法。基于以上两点，高校的教学方法具有更加明确的专业指向性，更接近于科学研究的方法，而不是像义务教育阶段和高中教育阶段的教学方法。因此，高校教学方法改革的目标也必须向着这个方向前进。

四、教学方法的归属理论问题分析

研究完高校教学方法改革的内涵问题、性质问题和特殊性问题以后，我们还必须研究一下教学方法的归属问题。在教育理论界，教学方法是归属于科学还是艺术，是一个古老的课题，直到今天，人们仍然没有达成共识，在认识上仍有较大分歧。但这一问题对于教学方法的改革却有极大的影响，左右着教学方法改革的方向。如果完全将教学方法归属于科学领域是行不通的，因为很多时候，教学方法在使用中的艺术性占了十分显著的位置；如果将其归属到艺术领域，同样也是行不通的，因为教学方法都有固定的套路，必须遵循一些共同的要求和实施的步骤。因此，我们不能简单地将其进行归属，而应该辩证地看待其科学性与艺术性，在掌握教学方法和普遍性的基础上，追求个性化和创造性，也就是所谓的"熟能生巧"；在熟悉和掌握的基础上，对教学方法进行创造性的运用，这样才能更好地促进高校教学方法的改革，提高教学的质量，从而培养学生的综合素质与能力，为他们未来的发展奠定坚实的基础。

综上所述，在高校的教学方法改革中，高教理论界还存在一定的认识分歧，笔者分析了这种分歧，并阐述了自己的观点，可能还存在认识不到位的情况，希望广大同仁能积极予以批评指正，同时也希望能对高校的教学方法改革提供有益的参考。

第三节　网络时代高校教学方法的改革与创新

一、多媒体网络技术在高校教学中的作用及意义

信息技术的迅速发展把人类带进了数字时代，20世纪90年代发展起来的多媒体和网络技术是信息世界里一个新的应用领域，给人类的生产方式、工作方式和生活方式带来了巨大的变革。多媒体和网络应用于教学，给高等教育带来了新的生机，成为教学改革的突破口。

多媒体计算机是指计算机综合处理多种媒体信息，包括文本、图形、图像、音频和视频，使多种信息建立逻辑连接，集成为一个系统，并具有交互性。计算机网络使用通信线路和通信设备，将分布在不同地点的具有独立功能的多个计算机系统相互连接起来，在网络软件的支持下实现彼此间的数据通信和资源共享。

多媒体网络教学具有信息载体多样性、集成性和交互性，以及信息资源开放性特点。学习者既能听到又能看到，再通过讨论、交流用自己的语言表达出来，知识的掌握难度大大优于传统教学的效果。多媒体网络教学不仅有利于知识的获取，而且有利于知识的保存。人机交互、立即反馈、形象生动是多媒体网络教学的显著特点，它能够有效地激发学生的学习兴趣，使学生产生强烈的学习欲望，从而形成学习动机。多媒体网络教学还有利于培养学生的创新精神和促进学生的信息处理能力的发展。学生可以在互联网的信息海洋中自由探索、发现，还能不受时间和地域的限制，获取最新的资料信息。

二、高校多媒体网络教学中存在的问题

充分运用多媒体网络可以最大限度地提高学习效率，推进素质教育的发展，但现阶段多媒体网络教学仍然存在很多误区和问题，主要体现在以下几方面：

（一）课件制作过于粗糙

一些课件只是简单地把课本的知识点用幻灯片输出来，把屏幕当成电子黑板，没有充分运用各种媒体的优点，不管是抽象的还是复杂的知识点通通采用文字进行表述。这样枯燥和单一的文字幻灯片不能深化学生对于知识的理解和记忆，更激发不起学生的学习兴趣，反而消磨掉他们原有的好奇心。

（二）忽视了教师与学生的互动关系

讲课本身是一门艺术，教师通过丰富知识、幽默的语言、动作姿势、面部表情、眼神变化、语言艺术激发学生学习兴趣，使学生全神贯注地听讲、思考。教师可根据课堂情况，临场发挥，组织教学。部分教师采用多媒体进行教学的时候，只把做好的课件演示一遍、读一遍，充当着放映员和播音员，学生看到的是一个个生硬的知识点；用幻灯取代所有的教学环节，用现代化教学手段进行满堂灌。课堂没有知识探索的过程，没有教师与学生互动交流，气氛拘谨，不活跃；再加之多媒体课堂的光线较差，教学效果不够理想。

（三）现代教学资源没有得到充分运用，利用现代教育技术的能力有待提高

多媒体网络教学的资源是相当丰富的，开发课件的软件除了常见的Microsoft Office、Power Point 外，还有 Autorware、Adobe Flash、Front Page 等，同时教师还可以利用电子邮件、网络论坛、MSN 等方式实施教学，以及进行信息反馈和交流。许多教师把多媒体网络教学局限在幻灯片和投影仪上，对于学校的网络教学平台，仅有少部分教师能利用起来；对于图

书馆强大的数据库，仍有教师不会运用。

（四）忽略了多媒体数据库的管理

随着多媒体网络教学的不断普及、资金的不断投入，多媒体资源变得越来越丰富。构建内容丰富、方便快捷、系统配套、先进实用、覆盖面广的多媒体信息资源变得格外重要。有的学校对多媒体素材、电子教材、多媒体课件库缺乏系统的管理，许多素材都是零散地掌握在教师手里，教研室缺乏这方面的建设。有的学校只注重硬件的投入，不重视软件的建设，多媒体数据库的管理在教学中跟不上教学的需要，经费几乎全投入购置设备，却舍不得花钱购买优秀的软件。

（五）多媒体网络技术未能充分发挥作用，忽视了对于学生能力的培养

教育者有时过于强调教材和教师的权威性，认为教学就是把人们早已检验过的、无须怀疑的课本知识装进学习者的头脑中，让他们理解记忆下来，从而在以后需要的时候提取出来加以应用。用这种模式培养出来的学生可以拥有丰富的知识，却没有自己的思想，只能占有别人的观念，以别人的观念代替自己的见解，缺少分析、批判精神和创新能力。当今的社会是一个知识倍增、信息爆炸的社会，人们不可能在有限的时间内从学校学到终生受用的知识，用"重知识，轻能力"的教学模式培养出来的学生是不能适应社会需求的。

（六）教育思想、教学观念不能适应现代教育技术的发展

多媒体和互联网所提供的良好交互性、媒体的多样性和信息资源的开放性等特点是传统教学手段不能比拟的，但是多媒体和互联网应用于教学多年，仍然没有取得重大突破，其原因是忽视了更深层次的改革——教学结构改革。所谓教学结构，是指在一定的教育思想、教学理论、学习理论指导下，

在某种环境中展开的教学活动进程的稳定结构形式，是教学系统四个要素（教师、学生、教材、媒体）相互联系、相互作用的具体表现。如果只改进教学内容、手段、方法，而教学的指导思想仍是老一套，那么即使内容、手段、方法改得再先进，整个教学也不会有太大的突破。所以，要想使现代教育手段充分发挥作用，使教育适应时代的发展，就必须寻求一种先进的、与现代教育手段相适应的教学理论来指导教学设计。

三、高校多媒体网络教学改进的方法

（一）转变教学观念，采用双主教学模式指导教学

目前，许多学校的教学基本上都是以教师为中心，其优点是有利于教师主导作用的发挥，便于组织、监控整个教学活动进程，有利于系统的科学知识的传授。其严重弊病则是忽视学生的认知主体作用，不利于具有创新思维和创新能力的创造型人才的培养。

以学生为中心的教学模式主要为建构主义理论模式。它强调学生是认知过程的主体，是意义的主动建构者，因而有利于学生的主动探索、主动发现，有利于创造型人才的培养。但是，这种模式由于强调学生的"学"，往往忽视教师主导作用的发挥，当学生自主学习的自由度过大时，还容易偏离教学目标的要求。

以上两种教学模式各有优势与不足，不能简单地去肯定或否定；应当彼此取长补短、相辅相成，由此产生双主教学模式。这种模式既能发挥教师的主导作用，又能充分体现学生的认知主体作用。在整个教学进程中，教师有时处于中心地位，但并非始终如此；学生有时处于"传递—接受"的学习状态，但更多时候是在教师指导下进行主动思考与探索；教学媒体有时作为辅助教学的工具，有时作为学生自主学习的认知工具；教材既是教师向学生传递的内容，也是学生建构意义的对象。所以，双主教学模式既注意教师的教，

又注意学生的学，把教师和学生两方面的主动性、积极性都调动起来了。

（二）提高教师驾驭现代教学手段的能力

高校应加强多媒体软件的培训学习，使教师掌握多种媒体软件为教学服务。教师在做课件时应充分利用文字、图形、动画、影像和声音等媒体手段，将可视化、临场感、交互、引导结合在一起，启发学生思维。教师在课堂上应避免只把学生当作存储器，要通过提问、讨论等多种方式和学生互动，促进学生的思维联想，加强学生对知识的重组和改造，激发其求知兴趣。

高校应鼓励教师开发优势课件，尤其是针对重点学科和精品课程更应投入一定的精力和财力开发一些优秀的课件和视频资料。教师可以将多媒体教学资源放于网上，给学生提供自主学习的平台。学生可根据自己的实际情况确定时间和进度在网上阅读参考资料，还可以定时与教师通过在线方式进行交流。

同时，高校应加大对多媒体资源库的经费投入，定期购置一些优秀的多媒体软件；应注意收集教师手上零散电子教材、课件、视频等多媒体资源，进行优化管理，达到资源共享。

（三）以多媒体网络技术的发展为契机，推进素质教育

首先，教师在做课堂设计时应尽可能利用多媒体网络的特点提供交互式学习的环境，激发学生的学习兴趣，尽可能地让学生主动思考、发现、探索知识，使学生主动参与学习。其次，教师应注重增强信息处理能力，包括信息获取、信息分析和信息处理加工的能力。互联网是世界上最大的知识库、资源库，但是许多学生只把互联网当作娱乐聊天的工具。教师应提出相应的要求，督促学生利用互联网获取学习资源，并学会将获取的大量信息进行分析、评价、优选和进一步加工，从而完成"自主发现、自主探索"式的学习，使学生的信息处理能力得到最好的锻炼。

第四节 慕课背景下的高校教学方法改革与创新

慕课是"大规模开放在线课程"（Massive Open Online Course, MOOC）的中文缩写，是一种通过互联网向大量学生提供高质量教育资源的教育模式。慕课的特点在于可以无限制地让任何人都可以免费或付费地参与学习，并且无论地理位置、时间限制都能够灵活学习。

慕课给高校教学改革带来诸多挑战，冲击着高校以教为主的教学理念，对教师能力提出更高的要求，迫使教学评价面临困境。慕课背景下高校教学改革需要采取相应策略，如建立传统高校教育与慕课教育耦合机制、夯实教师的教育教学能力、提高慕课教学的手段及方法、建立基于慕课平台的教学评价体系、强化校园教学文化建设等加以应对。

一、慕课对高校教学改革的挑战

科技发展带动教育技术的进步，也改变了教育自身。慕课的兴起可以看作一种教育革新的浪潮，也是一股新鲜的空气。但是，慕课毕竟只是一个虚拟的网络平台，这种在线学习的方式存在着局限性，不可能取代传统意义上的教学。

（一）冲击高校以教为主的教学理念

国家在高等教育阶段鼓励课程改革。现阶段，大部分高校仍然是以教学为主要任务，教师是课堂的主导者，学生则是被限制的一方。如果将慕课融入课堂教学或者作为辅助教学的手段，那么教师与学生的主体性定位会在网络教学平台上得以改变。这种由"授"到"学"的转变，以及教育观念和教育方式的差异，大大冲击了高校以教为主的教育观念，使一些高校在短时间内难以适应。

虽然慕课教学理念适应现代教学，但是其统一设计和规划的教学模式无法做到在小范围内因材施教，满足不了不同层次学习者的实际需求，这也是慕课选课者众多但结业率却不高的主要原因。慕课平台上每一门课程的学习都需要学习者有一定的专业基础知识和行业认知。就目前而言，不管是Coursera，edX还是优达学城，其课程都是按照大类来分的，如edX中的课程分为"建筑类""金融和经济类""教育与教师培训类""商务与管理类"等。在每一个类别下零零散散的课程难以形成体系，所以单纯凭一门课的学习来掌握一个专业或一项技术显然是杯水车薪。当然，像edX这样的慕课平台也有系统化学习的考虑，如edX开始提供Micro Masters和X Series课程，这是联合企业共同认证的系统化在线学习课程。

慕课的教学理念和内容的不断革新和与时俱进冲击着传统的教学理念。慕课开发者有市场化的考量，需要凭借不断尝试新的理念来吸引学习者参与平台学习。

（二）对高校教师能力提出更高要求

第一，挑战教师对课程知识的掌握程度。任课教师讲授一门课程的先决条件是掌握该门课程的综合知识，并在这个基础上有所扩展。这些知识最终会体现在慕课课程的教学过程中，如果描述的内容不客观或者是错误的，就会被学生质疑。而慕课的学习者在某些方面或许比任课教师了解得更多，例如工程师在实践中的经验和技能不比任课教师逊色。

第二，挑战教师对知识的传播能力和水平。任课教师即使学富五车，如果不能有效地将知识传递给学生，那么他在教学方面就是失败的。慕课平台的教学接受各行各业人士的监督与评价，任课教师知识传播的质量决定了慕课学员的评价，而慕课学员的评价决定了该任课教师所授课程是否有必要在平台上线。从一堂慕课课程的设计一开始，任课教师就需要细化课程讲授与学习的有效时间，在这个过程中还要兼顾教与学的互动，以及教学过程中信息的反馈。因此，教师需要花精力控制时间，做好教学内容设计，提高课程的知识传播力度，并且及时通过信息的反馈改善自己的教学。

第三，挑战教师对知识的创新能力。慕课平台的课程需要具备创新的内容，让学习者接受除教材以外的更高层面的内容。这一点目前在各大慕课平台的课程中均有体现。通过课程学习，一方面学生要掌握基本知识，另一方面教师要在这个基础上引导学生去思考和探索，知识创新能力的提高成为充实教学内容的重要法宝，这两个层面如何在慕课平台教学内容中体现成了任课教师需要思考的问题。

（三）传统教学方法和手段面临挑战

传统课堂的学生来源于逐级选拔，并且课程只针对该年级、该专业，甚至是该班级而开设，这是一个封闭课堂的概念。较之课堂的这种封闭性，慕课实现全面融合成公共开放的大课堂。在虚拟课堂中，具有不同需求的学生可以自由发表看法、评论和意见。这种情况在传统课堂中没有出现过，是任课教师面临的新挑战，会促使任课教师深刻反思自己的教学方法。然而，这种前所未有的复杂教学是教师个体无法独立完成和应对的，这就促使教师之间开展团队合作，将个体劳动成果转化为集体智慧，推动网络课程步入团队化教学发展的新时代。此外，慕课平台增加了教学成本。作为一个大规模的在线课程平台，慕课平台是教育技术的集成，其运作需要强大的信息科技支撑，而这些信息技术的硬件条件和软件条件的建设需要前期投入大量的人力、物力、财力。相对于传统的教学，慕课的一次性投入是巨大的。

（四）教学评价面临困境

在传统教学中，教师可以在课堂时间利用讲解、讨论、辅导、测验、考试等方式掌握学生的学习情况，对学生掌握的知识进行评估，继而及时反馈用以改善自己的教学方法。而脱离了传统课堂的慕课平台，评价与测试成为慕课教学最大的难点。此外，慕课平台的考试避免不了学习者作弊的可能性，这比传统课堂容易得多。在这种情况下，即使系统分析出学习情况和学习效果评价，教师得到的也是失真的数据。

慕课平台教学的效果得不到实践上的检验。慕课平台虽然设计了很多分组讨论和师生互评、生生互评的方式，但这些是学习过程中的评价。而现实中，因为学习者众多，使得平台无法逐个追踪和反馈学习者是否真正掌握了知识，或者在实践中起到的作用。慕课课程的建设由名校名师牵头建设，虽然能够满足学习者对名师授课的需求，但是修读完名师的课程，学习者不一定就有成效。这种状态等于又回到学院式的教学思路，因为最终评定学习者学习成效的是实践，而不是简单地以修了多少名师名校学分加以衡量。

（五）高校传统教学文化受到冲击

慕课的教学形式弱化了教学过程中人文精神的贯彻。慕课网络的开放性冲击了高校文化生态的稳定性。"以慕课为代表的网络开放课程的模式模糊了教师和学生之间的界限，教师无法充分掌控教学过程"，这种师生关系颠覆了高校文化生态原有的差序格局，导致高校文化生态环境失衡。慕课模式推行扰乱了积淀已久的高校文化的传承途径，削弱了高校文化作为社会主流文化的功能。

二、慕课背景下高校教学改革的对策

慕课为高等教育教学带来了新的机遇与挑战。面对新形势，高校应积极采取对策，以适应新技术、新环境。

（一）建立传统高校教育与慕课教育耦合机制

慕课平台与传统教育方式相互融合、相互促进。首先，慕课并未动摇传统高校的教学指导思想，也未对教学理论、教学思想创新等形成促进作用。它本身的进一步发展，如慕课内容的创新、教学设计的创新等，还是有赖于传统教学的创新。当然，传统教育的改革也需要慕课平台提供技术上的支持，借助慕课平台，研究与发现、探索与争鸣式的教学理念才能够得以实现。其次，慕课教育模式的创新能催生新的发现，以此推动传统教育模式的创新与改革。以前课程设计与教学安排是由教师主导和管控的，随着慕课平台的出现，学生也能参与课程的设计与知识体系的构建，在增强学生主体性地位的同时也激发了其潜在的知识构建能力。在这个过程中，教师与学生都在不同程度上进行了角色的转变。最后，慕课平台可以通过大数据对学生的学习行为、进度、习惯与规律进行量化分析，改进平台的教学方式和模块设置。

（二）不断夯实高校教师的教育教学能力

慕课时代的来临要求高校教师与时俱进，摒弃传统教育理念的糟粕和局限。第一，教师要主动实现角色的转变，由课堂实施者的角色转变为组织者。慕课平台对教师课堂教学能力的要求比传统课堂的高很多，教师不但要参与慕课课程研发过程，还需要组织学生讨论问题，将课堂教学转变为讨论交流的活动。第二，教师要敢于挑战课堂教学的改革与创新难题，增强课堂教学的实际效果和趣味性。以前教师承担"传道授业解惑"的任务，在慕课平台上，教师还需要具备启发引导学生发现问题、思考问题和解决问题的能力。在这个过程中，教师融入了改革和创新的想法，让学生在学习中思考，在讨论中成长，在引导中探索。第三，提高高校教师的教学水平。任课教师必须付出大量的劳动来设计教学，任课教师即使知识储备和授课经验丰富，在面对慕课课程的教学设计时也仍需要挖空心思，并通过实践检验不断地调整和改善教学方式方法。这个过程虽然需要很长时间，但也是提高教师教育教学能力的有效途径。

（三）不断提高慕课教学的手段及方法

慕课在教学过程中的一个主要特点就是教学内容自主化。也就是说，教学的内容不再受教师和学生的控制，因而难以保证教学目标的实现。慕课鼓励学习者通过相互之间的交流来创新课程的教学内容，任课教师作为平台课程的领导者、参与者和组织者，只是在课程的初始阶段将基本的知识框架提供给学习者，对于教学内容的丰富与创新则是交由学习者通过交流、讨论和思考而不断探索。随着课程学习的深入，教学内容逐渐丰富、课程内容越来越复杂、知识体系越来越庞大，此时需要任课教师建立课程组来做正确引导，让更多的教师参与到课程的教学与管理任务中，集思广益，不断创新教学内容，甚至在有些情况下，可以选择学习成绩优良的学习者作为助教来协助教师进行教学管理活动。

教师可以在传统课堂教学之前可以结合慕课平台进行部分内容的引导。一旦学生进入课程教学中，就会变成主导性角色，而教师将转换为课程的组织者。教师要注重对学生表现进行评价，通过不断互动，让学生在课堂上始终保持活跃的思维，保持思考和兴奋状态，极大地激发学生的学习兴趣，使课堂教学更加高效、更加生动。

（四）建立基于慕课平台的教学评价体系

不少高校教师因职称评定关系将主要精力投放在科学研究方面，而在教学时仅将书本内容原封不动地制作成课件，这种教学方式的效果可想而知。慕课平台的教学评价体系应当跟随教育改革的步伐，对平台任课教师的教学进行三方（高校、教师、学生）评价，从以前的定性评价渐渐转变为以定量评价为主。教师评价体系中的定量标准应该与定性标准统一起来，如果只强调定量标准而忽视定性标准，那么定量标准的真实性与可靠性必然会下降。

慕课平台的引入会增加教学成本，包括硬件和软件建设，而完成这些基本建设需要大量的经费支持，这就在传统教学的基础上增加了教学与管理的新成本。在经费充足的部属高校，慕课平台的建设没有压力，但是地方院校如果要发展慕课平台就会在财政上有所顾虑。这种财政资源分配不均最终导致中国高校信息化程度参差不齐。我国有普通高校 2000 多所，而部属高校只有几百所，各个高校各自为营进行开发还不如建设一个国家层面和高校联盟层面的慕课平台，以减轻资金不充裕的高校的财政负担。

（五）强化校园文化建设，倡导积极的慕课环境

第一，通过现代技术手段，增强高校文化的深层内涵。应该看到，信息化技术的应用也是促进高校校园文化氛围形成的重要手段，互联网可以传播知识，可以交流感情，也可以拓展校园文化并使之不断发展、传播、延伸。

第二，鼓励学生进行在线校园文化的建设。高校应充分利用学生群体的主观能动性，听取和采纳学生的合理建议，激发学生在文化认同和教学模式改革方面的主动性，鼓励学生参与学校的日常管理和未来规划。

第三，创造提升文化自觉与文化自信的慕课环境。这一理念对慕课背景下国内高校在文化建设方面面临的挑战有重要的启发和借鉴意义。

第四，提升学习主动性，形成线上与线下互动学习的氛围。任课教师线下对学生进行指导与督促，使其养成自主学习的习惯。

第五节　实践教育教学方法改革与创新

什么是"真题"化实践教学？即实践教学的内容取自现实社会亟待解决的真实课题。本科生参加科研，在我国还比较少见。而美、英、法、德等发达国家高校的实践教学与社会经济发展同步，与科技进步同步，与企业生产和政府及社会组织的需要紧密结合。实验项目、毕业设计、论文、调研报告等大多来自工厂、企业和社会组织，有很强的针对性和现实性，有些

项目还是有偿的。这种先进的办学理念和经验值得我们学习和借鉴,应当说,它可以破解当前我国高校实践教学改革的关键问题。黑龙江大学文学院在实践教学改革方面做了有益的探索,即以社会实践方面的课题促进教学质量的提高,取得了较好的成效。我们是这种改革的参与者,本节就我们的教育教学改革实践进行分析、探讨,提出进一步开展实践教学改革的措施,力求促进教学改革的良性发展,为大学生的创业创新开辟最佳途径。

一、提高大学生的综合素质

"真题"化实践教学的作用何在?用一句话概括:全面提高大学生的综合素质,增强大学生的实践能力和创新能力。

开启心灵之门,铸造灵魂。我国的高等教育一向重视学生人文精神和人文品质的培养。著名教育家北京大学校长蔡元培、著名教育家南开大学校长张伯苓都积极倡导并躬身践行。他们都热情支持并组织开展文学社团和戏剧社团等社会实践活动,创作了许多优秀作品,演出了许多优秀剧目,这些成为中国现代文学史和中国现代戏剧史的佳作。张伯苓曾指出,从戏剧里可以得到做人的道理,会演戏的人将来在社会上必能做事。纪录片《百年南开》说明,事实果真如此。"南开剧社"创作、演出了许多名作,培养了曹禺等著名作家和表演艺术家,培养了不少老一辈革命家和其他优秀人才。老一辈教育家把学生的社会实践视为开启心智、塑造灵魂的大事,让学生在实践中受教育,终身受益。学校组织的报告、讲座等活动,对此都有积极意义,但最直接、最根本、最实效的教育就是引导他们参加社会实践。2003年至2004年,黑龙江大学文学院的13名学生在教师的指导下,参加了黑龙江省新四军研究会主持的《雄师出关——黑龙江省新四军老战士访谈录》的编撰工作,承担了三分之二的写作任务。在采访老战士的过程中,老战士为民族解放、中华人民共和国的建立英勇奋斗的战斗经历,深深地感染和教育了每一名学生，使他们的心灵受到一次洗礼，使他们的灵魂得到净化。

打开智慧之窗，激发创造力。俗话说，实践出真知，实践出智慧，实践增长才干。大学生要提高创新能力，就必须参与社会实践，在实践中打开智慧之窗，在富于创造性的思维活动中收获智慧之果。这种实践活动越深入，学生的思维活动就越活跃，而活跃的思维必然提升学生的创新能力和水平。2006年，黑龙江大学文学院承担了哈尔滨市总工会委托的采写哈尔滨市英模的写作任务，有21位学生参加，历时1年，写出28篇生动感人的人物通讯。任务完成得好，颇受好评。他们的文章不拘泥于一般地叙写英模的好人好事，而是采取新颖的视角，在表现英模爱岗敬业、无私奉献的高贵品质的同时，着意表现英模在改革开放伟大时代氛围熏陶下，努力学习形成的新理念、新思维、新境界。学生在叙写人物光辉事迹的同时，着意刻画人物的个性。因而，英模形象或诙谐幽默，或木讷寡言，或爽朗乐观，或坚韧顽强，都生动活泼、栩栩如生，仿佛就在我们身边。好文章本身就是一种创造，初涉文坛的青年学子能对人物通讯写作进行可贵的探索，应当赞许。万丈高楼平地起，经过勤奋努力，他们定会创作出有影响的优秀作品。

参与现实斗争，激发学习兴趣。俗话说，兴趣是最好的老师。屠呦呦等科学家之所以能淡泊名利，几十年如一日地从事研究工作，一个重要原因是他们对这门学科有浓厚的兴趣。要想提高大学生的学习质量，就要培养他们的学习兴趣，而社会实践就是培养学习兴趣的最佳途径。二十世纪八九十年代，黑龙江大学文学院的学生们参加哈尔滨市的电影评论活动，成为哈尔滨市电影评论的一支重要的生力军。他们利用业余时间进驻电影院进行与电影和观众相关的调查，在报刊上发表影评，与导演、演员对话，参加有关电影创作的大讨论，这些活动极大地激发了他们的写作热情和学习兴趣。有一次，三十多人看新片，回校写出24篇影评文章。有的学生在一两年内就发表二十多篇影评文章，有的学生还在《中国电影报》上发表文章，有的学生的影评被广电部主编的《大众影评长编》收入。浓烈的学习兴趣和写作热情促使他们不断有作品发表并小有名气，他们后来都成为文化部门和新闻单位的骨干。

练就过硬本领，接受社会的选择。现在大学生就业难，究其原因，除了人才供大于求这个矛盾之外，还有学生动手能力差、缺乏实践经验。有的理工科教师说，学生必须具有动手能力，给他一块钢，他要动手将其造出剪刀或其他刀具。这当然是对的，但还不够。现在是中国特色社会主义市场经济，大学生要接受市场经济的选择和考验，就是说，他们生产的剪刀要经久耐用、物美价廉，因此，大学生必须具有过硬的本领和能力。刀在石上磨，钢在火中炼，获取过硬的本领只能靠实践。参加编写《黑龙江省新四军老战士访谈录》的杨潇同学，一共写了6篇人物通讯。开始时，她十天半月也写不出一篇。在老师的指导下，她阅读优秀范文和写作书籍，刻苦写作。经过学习和训练，她的写作能力提高很快，后来，她用五六天即可完成一篇，且文笔娴熟，颇受好评。在写作实践中，她练出了过硬的写作能力。参与本课题写作的13位同学，由于原来基础好，又有实践成果，毕业后，其中有3人考上研究生，2人被推荐为研究生，其他学生也都找到了自己比较满意的工作。

为创业创新打下良好基础。大众创业，万众创新，这是一个极其英明、极具号召力的口号。无疑大学生应成为它的主力军和先锋队，社会实践就是实现这一目标的良好途径。大学生在社会实践中经受了锻炼，开阔了视野，社会经验更丰富了，思维更活跃了，更具拼搏精神了，同时提高了调研能力、公关能力、运筹策划能力，为走向社会创业做了成功的尝试，打下了良好基础，相信他们定会取得优异的业绩。

二、深刻而多元的启示

开展"真题"化实践教学，要做到"一个坚持，两个过硬，三个调动，五个结合"。"一个坚持"，就是坚持不懈地进行教学改革，千方百计地提高学生的实践能力和创新能力。"两个过硬"，要求教师必须有扎实的基础理论修养，具有过硬的运用理论解决实际问题的能力；还要有过硬的根据学生的个性特点因材施教的辅导能力。黑龙江大学文学院指导课题写作的教师，自身写作能力强，并有长期辅导学生写作的丰富经验，因而，指导学生写作得心应手，深受学生欢迎。"三个调动"：一是调动社会团体组织的积极性。黑龙江大学文学院请黑龙江省作家协会散文创作委员会和黑龙江省写作学会支持学生们的写作活动。他们积极性很高，明确提出要把培养文学新人引为己任，热情支持学生们的写作活动，并在其会刊《黑土文苑》上发表学生们的作品，使会刊成为青年作者的写作园地。二是调动兼职教师的积极性。文学院把具有丰富创作经验的作家聘为兼职教授，他们为学生们作讲座，指导学生们写作，编辑发表学生们的作品，做出了非常大的贡献。三是调动离退休教师的积极性。老教授们基础理论功底深厚，有丰富的教学经验和辅导经验，很受学生欢迎。"五个结合"：一是与社会需要相结合。旺盛的社会需要能够调动政府、社会团体组织和单位支持大学生社会实践的积极性，大学生的社会实践只有充满活力，才能有持久的生命力。为了纪念抗日战争胜利六十周年，黑龙江省新四军研究会编写了《黑龙江省新四军老战士访谈录》，他们非常欢迎学生们参与采访写作，并创造条件使学生们圆满地完成了写作任务，受到社会各界的好评。可见，社会需要对学生的实践具有十分重要的意义。二是与基础理论教学相结合。基础理论的教学一刻也不能放松，结合课题，教师要有针对性地引导学生学习基础理论，给他们讲课，指导他们阅读。古语说："学然后知不足"，这当然是对的，还应加上"用然后知不足"。"用"会使人对学习产生饥饿感，从而如饥如渴地学习；"用"又会使其尝到甜头，越用越爱学。社会实践的"用"，是平时的作业练习不可同日而语的。平时的练习是"纸上谈兵"，而现在是实战，为了发表，为了参与现实斗争，为了产生社会效应，学生会特别重视、特别认真，易于迸发创造力。而由钢笔字转化为铅字的喜悦和它的社会效应，又会刺激学生的写作欲望和学习热情，从而形成越写越爱学、越学越爱写、越写质量越高的良性循环，教学质量自然就得到提高。学生们一致反映，学用结合，提高很快，终身受益。三是与学生的社团活动相结合。黑龙江文学院有文学社等多个社团组织，他们基础好，有兴趣，积极上进，是完成课题的生力军。而课题又为社团活动增添了新的项目，丰富了社团活动，为学生们大显身手提供了广阔的天地，使学生的社团活动更生动、更活泼，取得最佳的成效。四是与创业教育相结合。黑龙江大学的创业教育稳步前进，学生的社会实践与学校的创业教育相辅相成、协同发展。黑龙江大学文学院的社会实践得到校创业学院的支持和帮助。课题被列为校管学生科研项目，学校给予了支持和指导，成为师生完成课题任务的坚强后盾。

三、宽广开阔的教育教学改革之路

"真题"化实践教学效果如此之好，为什么在我国高校没有形成潮流？需要采取哪些政策和措施才能使其蓬勃开展从而取得更大的成绩呢？

提高认识，走出观念的误区。首先，要破除"基本理论一次完成"的偏颇观念。学术研究的实践证明，一个人的成就往往与其基本理论的水平成正比，基础理论越扎实，成就就越大。但基础理论的学习不是一次可以完成的，需要在反复实践中加深、加牢。许多教师和教育管理者怕影响基础理论学习而不敢开展实践活动，这是必须破除的。其次，要破除封闭的教学质量观。许多高校管理者满足于课堂教学和作业、实验的好成绩，这是一种封闭的、静态的教学质量观。不少高校毕业生在校期间学习成绩良好，但走向工作岗位却业绩平平，其中一个重要原因是他在校的学习成绩没有受到社会实践的检验。因此，高校管理者必须树立开放的、动态的质量观，"是骡子是马拉出来遛遛"，要敢于到实践中去检验教学质量。其次，在校大学生这个宝贵的人才资源被忽视了。大学生毕业走向社会后是重要的人才资源，要充分发挥他们的作用，这是没有疑义的。但在校大学生呢？他们也是宝贵的人才资源，能做许多好事，也能为建设和谐社会贡献自己的力量。例如文科大学生可以在地方政府指导下开展社会调查，为地方政府的重大决策服务，保证地方政府决策的科学性，还可以从事英模事迹的宣传及地方史志编写等活动；法律专业的大学生可以提供法律咨询和援助；经济专业大学生可以参与经贸活动；理工科大学生可以在教师指导下帮助解决工业生产和科技方面的一些问题；农林大学生可以上山下乡普及科学种田、科学养林的知识，推动农林事业的发展，等等。通过这些活动，大学生可以在受到教育的同时为社会做出应有的贡献。

加强对大学生社会实践的领导，建立由教育局牵头，由地方政府、高校、院系形成科学有效的运行机制。教育局要在地方政府的支持下，向政府有关部门和企事业单位、社会团体等征集项目和课题，高校和院系根据自身特点和能力承担课题和项目，省市教委有关部门进行督促、检查、协调和总结经验等工作，以便使大学生的社会实践越做越好。

建立大学生社会实践基金会。由教育局牵头，政府出一点，企业赞助一点，受益单位支持一点，为大学生实践活动筹集资金，保障活动的健康发展。

第六章 高校教育教学方法的创新

第一节 信息化条件下高校教育教学管理的原则

当前高等院校的教学管理工作主要是依托便捷的互联网完成的，信息化管理已然成为主流，这也是新时代背景下实现教育信息化的潮流与方向。伴随着高等院校教学任务和教学标准的明显提高，推进高校教学管理的信息化工作成为首要任务。高校教学管理信息化平台的构建将有助于教学管理效率的显著提高。

一、关于高校教学管理信息化平台构建的原则

（一）设计原则

首先，高等院校教学管理信息化平台的建设应当进行需求分析，这是首要工作。高校类型多样，不同高校的教学管理模式存在着明显的差异，因此对教学管理信息化平台的开发需求也是明显不同的。教学管理信息化平台的构建应当充分考虑高校的差异性及其具体需求。其次，信息化平台设计要坚持简洁、高效的原则，平台模块无需太多，只要能够满足学校的教学管理需求即可。简洁的平台模块设计有助于教学管理工作的进行和对于平台的学习运用。高效原则有助于平台在最短的时间之内完成任务，大大提高了办事效率，这也是信息化教学管理平台设计的初衷。再次，规范性原则得使信息化平台权责明确，也使得管理规范化，这将有助于各个部门相互协作，

简化工作流程，避免出现相互推诿的现象。最后，平台应坚持可扩展性原则，依托校园网络平台构建更深层次的教学管理体系，保证教学管理工作的全方位、多角度覆盖，实现教学管理工作的透明化与公开化。

（二）平台构成概述

就构成而言，高等院校教学管理信息化平台主要涵盖了如下几个板块：①学习信息管理模块，主要是针对大学生的学籍信息、在校的课程学分信息和学历学位信息进行管理；②教务信息管理模块，主要是对课程信息安排、选课和考试考核等信息进行管理；③高校的教学资源信息管理模块，主要是就高等院校的课程资源、教师资源和硬件设施资源进行管理协调，保证教学管理工作的有序开展。

二、实现高校教学管理信息化平台的优化对策

（一）更新教学观念，优化教学氛围

首先，高等院校的教师应当认识到时代发展与信息化平台构建的主流趋势，充分认识到信息化科学技术对于教学管理工作的优势，从而自发参与信息化平台体系的构建工作；其次，高等院校的领导层要充分重视信息化教学管理平台构建的重要性，树立起信息化教学管理新观念，将信息化教学管理纳入工作考评体系之中，从而确保教学管理信息化能够正常运作；最后，注重对高校教学管理信息化平台的运用，激发教学人员的参与意识，从而营造一个积极、高效的信息化教学管理环境。

（二）注重高校师资管理队伍建设

高等院校教学管理信息化进程的进一步加快，对教学管理工作者的各项素养提出了新的标准和要求，因此高校应当重视对于教学管理工作者的信息化能力培养工作。努力构建一支团结、高效的信息化教学管理团队成为

高校实现信息化教学管理的任务之一。一方面，高校要有组织、有计划地开展针对教学管理工作者的信息化讲座或是培训，从而全面增强教学管理工作者对信息化建设的意识，自主自发地参与信息化平台体系的构建工作；另一方面，高校还应当通过采取一些激励措施（如教学绩效激励等）提高工作人员参与的积极性与主动性，就信息化教学方法与手段的思考进行交流分享，从而营造积极、和谐的信息化教学氛围。

（三）构建科学完善的教学管理体系

高等院校的教学管理信息体系主要涵盖了信息技术和信息资源两大方面的内容。信息技术在平台设计开发的时候要符合高校自身的教学管理实际情况，坚持一切从实际出发的理论指导原则，只有这样才能够切实将信息技术运用到高校的教学管理工作中。技术开发和技术支持，以及后期开发之后的技术监督都是必不可少的，高校要随时对系统出现的问题进行调整，进一步完善其功能。高校对于信息资源的管理要坚持以现代教学思想理念为指导，确保数据资源的科学性与准确性，坚持数据资源的共享与保护，提升管理水平。

（四）制定完善的管理规章体制

高等院校的教学管理信息化建设工作涉及内容众多，不仅对教学管理理念提出了新的要求，同时对师资队伍建设以及资金技术的投入也提出了新的要求。此外，为确保高等院校教学管理信息体系良好、有序运转，还应当制定完善管理规章体制。高校应当根据自身的现状制定规章和管理制度，从而保证信息化平台有序运转。值得注意的是，规章制度的构建不能拘泥于形式，要体现出规章体制的可操作性和监管性，目的就是确保平台体系标准化的实现。规章体制的构建工作也是伴随着平台构建进行的，对于其中存在的不足之处要及时修订，力求规章体制的进一步完善符合校园实际。

第二节　高校教育信息化对学分制教学管理的影响

我国于 1978 年实施学分制改革，经过多年的发展与实践，学分制因其在教学管理中的高效性和灵活性在教学改革方面取得了良好效果。弹性学分制管理模式以学生自主选课为核心，实现了学生在课程选择上的"三个自主"，即自主选择学习课程、自主选择任课教师和自主选择学习进程，从而使学生的修业年限具有一定的弹性。这种弹性学分制教学管理模式有助于教师因材施教和学生个性化发展。学生在自学业选择上的灵活度提高，选择也更加人性化。但在目前我国弹性学分制管理模式推进过程中，囿于教师、教室、实验室等教学资源不足，学分制管理模式的优势不能最大限度地发挥出来。近年来，高校利用先进的信息技术和管理手段，通过推进数字化校园建设，整合优质教育资源，有力地推动了学分制管理模式的实施。本节就教育信息化对高校学分制管理的影响、问题及改进建议等简要分析如下：

一、教育信息化是学分制教学管理模式的有效手段

（一）实现教育资源共享

在教学资源的限制下，教育信息化可实现教育资源共享和最大限度的利用。随着高校的扩招，在校学生人数普遍增多，对教学资源是一个极大的考验，而学分制恰恰需要充足的教学资源来满足学生"三自主"的需求。目前教学资源投入相对滞后，导致学生在选课的过程中常常受开设课程门数的限制，不能自主安排自己的学习进程；受教师数量的限制，不能选择到自己心仪的老师；受教学资源的限制，上课时间的重叠，而不得不放弃自己感兴趣的课程。这些都失去了学分制管理对提高教学质量的意义，打击了学生的学习积极性。而随着教育信息化的推进，网络教学在日常教学中

发挥了重要作用，实现了将现实的实体教育资源拓展到虚拟空间层面，最大限度地开发体育资源，利用优质的教育资源。学生上课不局限于固定的教室中，也不局限于特定的时间段。教室不再是学生接受教育的唯一地点。学生可以通过网络教学这种补充方式，选择自己喜欢的课程和老师，并随时可以进行虚拟课堂的学习。

（二）教学环节更加生动

高校近年来加快了教育信息基础设施建设，大力地推进了数字化校园建设，多媒体设备等信息终端在教学中发挥了重要的作用。教师利用多媒体技术将声音、视频、动画等技术融入教学课件中，收到了良好的教学效果，有效地缓解了传统教学模式教学方式单一、枯燥的弊端，激发了学生浓厚的学习兴趣。如在学分制教学管理中，为了充分利用实验室资源，各个实验需要采取选课预约制。由于实验课时间有限，约定实验时间后，学生必须进行提前预习，而多媒体的应用可使整个实验过程提前以三维景象的形式呈现在学生面前。学生在利用计算机提前预习的时候，可以通过鼠标的点击进行模拟实验；因此，在正式实验的时候，教师口授的时间减少了，学生动手实践的时间增加了，取得了良好的实践效果。

（三）师生之间的交互更加便捷

随着网络技术的发展，以教师为主导的传统教学模式被打破，学生的主观能动性得到充分发挥，在各教学环节的参与度提高，师生互动更加便捷、顺畅。利用信息互联网媒介，学生可以在师生交互平台上完成与教师的互动、答疑、测试等一系列教学活动；学生管理部门可以利用学校的数字化校园平台，克服学分制教学管理带来的学生管理难度，及时研究应对"同寝不同班，同班不同寝"，重要事项难以整班集中安排等管理难题；教务管理部门可以及时通过数字化校园平台通知学生考试、调课等。高校应通过校园数字化建设，实现信息网络校园全覆盖，确保校内师生信息沟通及时、顺畅。

二、学分制下高校教学管理信息化分析

（一）学分制管理

随着教育事业的蓬勃发展，学分制作为教学管理的重要制度，逐渐成为高校选课的核心所在。高校可以根据学生选课结果，计算学生的学业完成情况；还可以根据专业教学要求，制订完善的教学计划。大学生在大学期间需要修满学分方可顺利毕业。学分制管理强调学生的主体地位，尊重学生的个性化发展，这样不仅可以有效地提升高校教学管理质量，还可以推动高校教学管理改革不断深化。更为关键的是，学分制管理有助于充分发挥学生的自主学习能力，推动教学模式的创新和优化，提升教学质量，推动学生的个性化发展，有效地减少教学资源的浪费，推动教学方法改革，提升教学质量，推动高校学分制管理深化。

（二）教学管理信息化是学分制管理的必然选择

我国高校信息化建设进程不断推进，实际工作取得了可观成效。互联网已经基本覆盖我国所有的高校。大多数高校完成了校园网建设工作，无论是校园主干网络速度还是无线网络速度均在不断提升。高校办公甚至拥有了专线网络。加之信息化硬件和软件设施不断完善，计算机设备较为充足，基本上构建了数字化校园的基本雏形。随着高等教育改革的不断深化，教学管理工作得到了优化，建立了稳定的教学秩序，促使教学管理水平得到显著提升，为学生德、智、体、美、劳的全面发展打下坚实的基础。同时，高校师生应该建立密切的关系，遵循教育规律，推动高校教学管理工作有序开展，利用信息技术实现高效的信息传播，实现更大范围的信息共享，提升高校教学管理效率和质量。可以说，在学分制管理中，高校领导干部和广大师生可以更加便捷、高效地进行信息检索，将信息更大范围地共享，

推动学分制教学管理工作有序开展。

（三）学分制下高校教学管理信息化具有重要意义

高校学分制下的教学管理信息化建设，主要是为了迎合时代发展趋势，推动数字化校园建设，充分发挥现代化信息技术优势，辅助教学管理工作开展，提升教学管理效率和质量。如以 C/S 网路服务结构和 B/S 网络服务结构整合在一起的模式，结合网络服务结构优势，提升网络服务能力，操作更加稳定，可以不受时间和空间限制，灵活移动办公，对高校教学管理工作的开展意义深远。

三、学分制下高校教学管理信息化存在的问题

（一）信息化管理理念陈旧

在高校教学管理工作开展中，少数教学管理工作者认为硬件设备比软件更为重要，在信息化建设过程中更加注重硬件设备的投入，忽视了软件的建设。高校教学管理是一项系统工程，涉及内容较广，如果管理理念陈旧，则将无法充分发挥其效益，影响高校教学管理信息化水平。此外，高校教学管理信息化重视技术创新，但是后续的管理和维护工作未能落到实处，在一定程度上制约了教学管理信息化水平的提升。

（二）信息化管理制度不完善

高校在教学管理信息化建设中，为了确保各项工作能够有序开展，应该制定完善的管理制度，促使各项工作的开展有章可循。但是，纵观当前我国高校教学管理信息化建设，制度不完善，内容陈旧、不合理，制度流于形式，未能落到实处，实际约束效应较差。

（三）数据共享和安全问题

高校学分制下的教学管理信息化主要是为了提升管理效率，充分发挥信

息技术优势，实现集中管理，大范围共享信息数据，尽可能地避免高校资源浪费。纵观实际工作现状，管理信息系统缺乏统一的标准，系统兼容性较差，无法实现大范围的信息资源共享，在一定程度上制约着教学管理信息化水平的提升。由于信息网络自身的开放性特点，外部网络和内部网络在连接时可能受到恶意攻击，或是被病毒侵入，导致系统崩溃，重要信息被篡改或被盗取，致使信息系统安全受到严重的威胁。

四、学分制下高校教学管理信息化的有效措施

（一）创新信息化管理理念

在高校在教学管理工作开展中，较之传统的管理方法，信息化管理可以有效地改善其存在的缺陷和不足，提升管理效率和质量。故此，需要注重对管理理念的创新，提高教学管理人员的信息技术，重视程度和认知水平；建立统一的硬件平台，加大资金投入，在注重硬件和软件建设的同时加强后续的管理和保养工作，整合教育资源，创造更大的经济效益。

（二）制定完善的信息管理制度

在高校教学管理信息化建设中，为了确保各项管理工作有序开展，应该制定完善的信息管理制度，确保高校教学管理信息化系统可以正常运行，充分发挥信息技术优势。制定的信息管理制度应该符合实际情况，更加规范化、标准化，便于后续工作开展。同时，在制度具体制定过程中，高校应该充分考虑自身实际情况和工作需要，不能盲目地照搬其他学校管理制度。同时，如果在实际执行中出现问题，则需要及时修改，为后续工作的开展提供坚实的保障和支持。

（三）避免信息孤岛危险

信息孤岛是一种较为常见的现象，在学分制管理制度下，应该尽可能地

避免信息孤岛的出现，以提升高校教学管理的信息化水平。从技术角度来看，应对系统硬件实现统一规划，整合高校资源，提升管理效率；建立数据仓库，提升数据管理效率，更加高效安全地利用数据信息；建立统一的信息标准，创设数据信息共享环境，扩大数据信息共享范围，为后续管理和决策工作提供可靠的数据支持。此外，还要预防安全风险的发生，及时更新和完善硬件设备，确保仪器设备规范化操作，定期检修和维护，尽可能降地低设备故障概率。同时，定期更新和升级病毒库，做好重要数据备份，设置数据操作和读取权限，配合动态口令维护信息安全。

综上所述，高等教育改革不断深化，学分制下的高校教学管理工作中存在一系列问题，信息化管理理念陈旧，信息化管理制度不完善，数据共享和安全问题得不到解决。基于此，为了顺应时代发展要求，信息技术开始广泛应用在高校教学管理中，通过创新信息化管理理念，制定完善的信息管理制度，避免信息孤岛危险，加强信息人才培养，可以有效提升管理效率和质量，改善传统管理工作中的缺陷和不足，提升教学管理成效。

第三节　网络时代高校教育教学信息化管理模式

在网络时代下，加强对高校教学管理信息化建设的改革，一方面满足了当前教育事业和社会发展对人才数量的需求，另一方面从教学形式上提高了教学质量和教学成效，有利于推动我国高校教育事业的可持续发展。所以，加强对高校教学管理的信息化、规范化、科学化建设是目前我国社会经济发展的必然趋势。

一、网络时代高校教学管理信息化建设的必要性

随着网络技术的不断延展与优化，加强高校教学管理的信息化建设已成

为现阶段提高我国教育教学水平的必要条件，这对高校的有效发展提出了新的挑战，也为高校的长远发展提供了新的机遇和新的发展方向，为高校教育事业的发展提供了新的技术支持，打开了新时代的大门。根据近几年对各大高校的数据研究可以发现，大部分高校教育事业取得了不小的成效，但随着一些高校教学管理的深入，其中包含的教学设施不足、教学管理工作压力较大等问题逐渐暴露出来。为了有效地解决以上问题，各大高校必须加强对教学管理模式的创新，结合信息技术，实现教学管理的信息化建设，从而有效地提高教学效果和教学质量。

二、网络时代高校教育教学信息化管理的现状

（一）信息化管理发展缓慢

高校教育教学管理工作采用信息化管理的发展进程比较缓慢，虽然高校重视多媒体技术在高校管理中发挥的作用，在一定程度上加强了相关的基础设施建设；但是，前期高校并没有进行周密的调研工作和规划，导致后期信息化管理基础设施建设发展滞后，相关的信息化资源重复且烦琐，基础的信息化设施无法满足高校正常的教育教学管理工作。

（二）信息化管理思维薄弱

目前，在高校教育教学信息化管理初期的相关的实践工作中，管理人员的信息化管理思维薄弱，仍然采用传统的班级管理模式。在具体的教学管理中，因为学生的个性特点以及学习需要，班级管理模式已经无法帮助学生开展课堂、课外以及实习活动。虽然信息化管理能够有效地弥补传统班级管理模式存在的不足，但是由于管理人员未能重视信息化技术的应用，因此在实际的教育教学管理工作中未能见到信息化管理模式的成效。

（三）相关人员信息化素养不够

在高校的教育教学信息化管理中，相关工作人员的信息化素养比较低下。虽然信息化管理为高校的管理工作创新了管理模式，但是仅仅依靠创新模式、信息技术进行管理应用是不行的，高校的教育教学管理还需要相关的管理人员具有较好的信息化素养。高校教育教学管理工作的参与者和组织者一般是高校的管理人员和教师，他们自身的信息化素养将会直接影响到高校信息化管理工作的顺利开展。目前，高校对教师和相关管理人员进行信息化管理培训水平相对比较落后，他们的信息化意识和思维稍显薄弱，这样就会导致他们在实际的工作中无法高效利用信息化技术进行实际的问题处理，无法有效地进行教育教学工作的信息化管理。

三、提高高校教学管理信息化建设的有效措施

重视对高校教学管理信息化建设进行改革，正确认识信息化建设的重要性。高校领导要加大对教学管理信息化建设的投资力度，为高校教学管理信息化建设提供良好的资金支持，并在此基础上优化校园内部设施。

（一）加大投资力度

高校教学管理信息化建设，离不开大量资金和相关部门的支持。一是要提高相关教育部门对教学管理信息化建设的认知和重视力度。二是要合理分配拨款资金。通常高校的经费主要由政府派发，但随着近几年各大高校内部各项消费支出的增加，政府给予的拨款金额已满足不了学校的发展需求。学校可以号召社会、企业、团体或个人对高校教学管理信息化建设进行资金筹集，从而达到高校信息化建设改革的目的。同时，各大高校还要结合自身实际的发展情况制订自身的信息化建设发展目标，通过多种渠道加强自身教学管理的信息化建设，从而实现教学管理信息化建设水平的最大化。

（二）优化教学管理信息化软件

优化教学管理信息化建设的基本条件是先要完善信息化教学管理软件。部分高校一般会委托校外企业或机构进行信息化教学软件的设计与研发，学校教学管理部门不参与或极少参与，这种情况就导致了研发的信息化教学软件在实际教学管理的应用中存在很大的局限性。所以，相关教育部门和各大高校相关管理人员必须参与其中，并提出可行性较高的建议。根据国家教育标准和教育部颁发的教育管理规范，结合相应的教学要求，设计出符合各大高校教学管理的信息数据内容，切实做好各项信息化教学管理信息平台的共享。

加强对高校教学管理信息化建设的改革是当前教学事业可持续发展的必然发展趋势，是提高信息化教学质量和教学效果的重要基础，各大高校必须加强对信息建设的重视。

第四节　高校教育教学管理信息化变革

随着社会经济发展，行业竞争也愈加激烈，在行业竞争中人力资源的作用也愈加重要。高校要想培养出更多的高素质人才，就必须将教育体系的作用发挥出来。通过分析我国高校当前教育情况可以发现，虽然高校的教育水平有了极大的提高，但是教育管理信息化建设存在的问题还比较多。教育信息化建设的主要目标是将信息技术合理地运用到教学管理中去，利用大数据来丰富高校的教育内容，从而更好地满足当前社会对人才的需要。

一、高校做好教育管理信息化建设的意义分析

（一）能够帮助高校更好地创新教育管理方式

随着社会经济发展，信息化、数字化以及大数据技术已经很好地运用到

了高校教育管理中去，丰富了高校教育管理的手段。在教育管理中，信息化手段的运用比较重要，如进行智能排课、管理学生、进行教学计划的管理。这个过程中产生的信息数据非常多，如果想要做好信息数据的处理，就需要将大数据技术合理地运用进来。高校教育管理在信息化建设中运用大数据，能够将大数据和高校教育管理更好地结合在一起，使得高校日常工作开展的效率明显提高。大数据的运用能够转变高校教育管理的思维，帮助管理人员更好地发散其思维，创新模式，推动高校教育管理信息化建设更好地进行。

（二）能够推动高校教育改革更好地进行

在大数据时代，高校教育信息化建设很好地推动了高校数字化建设，这也在一定程度上推动了高校教育改革更好地进行，给高校教育改革提供了动力。在这种背景下，以往的教育管理模式逐步地退出了当前的时代，学生无论进行学习、成绩分析、图书馆管理还是就业择业都将信息技术很好地运用了进来，推动高校教育教学改革更好地进行，帮助学校进行科学教育模式的制定，丰富了学生的学习内容，进行学生服务教育理念的树立。

（三）高校教育管理信息化建设能够提高教育管理的针对性

随着大数据技术的发展，互联网已经广泛地运用到了人们的生活中，大学生是使用互联网的重要群体。在这种情况下，高校在进行教育教学管理时运用互联网技术，能够很好地了解学生学习的相关信息。这种信息采集能够给高校教育管理更好地进行提供数据基础，帮助高校管理人员选择科学的措施进行教学管理。对于学生而言，高校管理人员通过运用大数据能够很好地分类、分析、总结、整理相关的信息，从而给高校教育管理提供依据。这样不但能够提高高校管理决策的合理性和正确性，还能够让高校管理决策更加灵活和有效。将大数据和互联网技术运用到高校教育管理信息化建设中，能够切实提高高校教育管理的水准，切实提高我国高校教学的质量，为高校教育更好的发展奠定基础。

二、大数据背景下高校信息化教学模式概述

在大数据背景下，高校信息化教学模式主要有分析模块、采集模块、应用模块与处理模块。为了进一步实现高效教学模式的科学化与效率化，高校必须综合考虑当前信息化教学模式的具体功能，进行模块化处理才能有效地实现学生的个性化发展。

（一）采集模块

采集模块主要用来采集师生的基本信息，主要包括师生的个人资料以及学习教学过程中的相关记录。相关教材内容的数据采集工作，主要包括采集教材内容以及教学视频中的课程理念与信息、学生个人信息采集、目标设定等。

（二）处理模块

应用大数据技术开展信息化教学时，由于大数据包含的数据类型较多，缺乏有效的处理模块，无法将各项数据进行分类堆放；由于数据格式存在不统一的情况，大量进行格式转换可能会产生成本浪费，难以提高信息化建设与教学水平。所以，在设定处理模式过程中，必须重视以下几点问题：应当有效导入结构化数据，构建科学标准的数据库；在教学数据中出现非结构化或半结构化的情况下，可能会产生大量的工作浪费情况，此时便可以应用网络爬虫技术进行模块处理。

（三）分析模块

模块的功能主要是将数据平台的信息资源进行有效分类和处理，所以，分析模块在大数据背景下构建高效信息化教学模式中也有着极为重要的地位。高校信息资源搜索过程可以有效地引入特征检索功能，并且植入数据

匹配功能，确保数据精准定位，同时要将收集好的数据进行综合分析和计算。虽然部分数据关联性看起来并不是十分明显，却可以应用分析模块有效实现各项功能，挖掘隐藏数据。

（四）应用模块

在大数据背景下开展信息化教学模式进行应用模块，必须对数据信息进行综合分析和处理，提取有效的价值和内容，并且将信息分配在学生日常学习以及高校教学管理工作中。只有基于应用模块的实施情况构建科学完善的信息化教学模式，才能进一步推动教学工作有效开展。经过整合后的数据，通过数字化处理能够有效解决教学模式中存在的部分问题。

三、大数据背景下高校信息化教学模式存在的问题

经过几十年的发展，我国高等教育在信息化建设初期取得了一些成果，信息化基础建设得到有效推行，进一步推动了教学管理和科学研究工作有序开展。根据信息化教学管理现状能够看出，为树立以学生为中心的教学管理理念，在课堂教学过程中之所以仍然存在单方面传递信息的情况，主要是因为结合教学大纲设定教学目标，制定的教材内容通常是单向传递，忽略了完整性。

（一）缺乏创新目标，教学模式单一

目前，虽然我国高校开展了多元化的信息化教学，采用情景模拟、实践操作、研究调查等众多模式，但是大部分高校只是由传统的教师讲授式教学转变至拥有现代化教学设施的多媒体教室，教学理念和方法并没有创新。在教学过程中，大部分教师仍然习惯于采用灌输式的教学模式，虽然学生偶尔能够与教师进行互动和交流，学生也能按时完成作业，但难以有针对性地提高课堂教学效果，教学效率较低。虽然教学活动能够有序地开展，但是受教育资源有限等众多限制，教学模式无法体现出学生的学习主观性，

也严重束缚了学生的创新能力，所以人才培养模式存在严重的同质化问题。

（二）教育评价机制单一

目前，高校教学结构以教师为课堂教学中心，教学评价成果过于单一。由于信息化教学模式无法满足学生的多元化学习需求，也难以实现以学生为中心，所以高校必须进一步增强教育服务意识。现有的教育评价体制仍然以教师为主，教师通常会采用学科知识考核的方式来评价学生对知识的理解情况，根据纸质试卷确定学生的最终学习成果，由于评价内容与方法过于单一，所以机制十分单一。教师的评价方法和内容过于单调，教育评价缺乏多元性和个性化，教师主要依靠主观经验进行判断，所以信息评价存在一定的片面性，并未进行全方位的分析。

（三）受传统教育观念束缚

基于传统教学理念，由于动机理论和先行组织者理论受到师生的广泛重视，使得教师能根据自己的教学思路进行授课，却难以对相关信息技术进行有效分析，只是将制作多媒体课件或者在信息化教室开展实践教学活动当作信息化教学的重要表现。但是，此种教学方法并不科学，并没有针对性地设计教学内容与方法，也难以夯实学科理念基础，无法拓宽学科发展前沿，难以实现学科创新精神目标。对于此类情况，学生也司空见惯，只能被动接受。由于教师以期末考试成绩当作短期的教学目标，学生无法进行长期可持续的自主学习，虽然传统教学理念能够提高学生的学习成绩，使教师顺利完成教学任务，却不能激发学生的学习热情。

（四）存在高科技、低效率的现象

目前，大部分高校在进行信息化教学时，虽然投入了一定资金进行信息化教学建设，并且成立了实验教学中心和学习中心，但是在信息系统应用过程中，由于存在应用软件问题以及维护管理问题，所以学生的学习效果贡献度较低。由此可以看出，高校的信息化教学环境应当进一步提高实用性，切实改善相关质量。目前，高校的教育资源微课内容逐步开放，并且推出了学分互认项目和证书认证项目，却很难全部完成相关课程或通过考试。

四、信息化教学模式的构建途径

（一）建立信息化的教学理念

目前，在高校信息化教学模式中，应用大数据技术发展的时间较为短暂，所以只有有效优化信息化教学管理模式，才能有效地推动信息化教学模式的改革和创新。在此模式下，相关部门必须建立科学的信息化教学理念，综合分析相关的教学数据，避免由于数据过多产生相关问题。

（二）建立以学生为中心的教学管理理念

无论选用哪种信息化管理模式，教学目的也主要是培养出具有专业水平和综合素养的学生，高校必须以学生为中心进一步加强教学结构建设。在教育改革背景下，教师必须进一步提高信息化教学效率，可以应用翻转课堂教学方法，引导学生在学习与实验过程中借助信息数据检测功能进行学习，切实提高教学管理效率。

（三）培养拥有数据分析能力的专业教师

教师是教学工作的实施者，也是学生学习道路上的领路人，教师必须具备较高的综合素养和数据挖掘能力，整合出适合学生多元化发展的教学资源。如果高校能够培养出优秀的教师，就能够进一步有效实施信息化教学模式。所以，高校必须积极、有效地开展教师信息技术培训会，进一步明确实施信息化教学模式的重要性以及其具体作用，引导教师有针对性地结合数据资源进行综合分析，切实提高数据信息分析能力。

（四）构建信息化教学育人环境

高校必须做好数据的分类和整理工作，在数据整合过程中要避免出现交叉、重复现象。由于大部分师生的数据在数据采集与整理过程中可能会存在重叠情况，会降低课堂教学效率。根据当前的发展情况，高校必须构建科学、完善的教学管理系统，同时要导入高校名师的优质题库和教学视频。此外，高校要确保数据信息来源的真实性与可靠性，应用云计算和大数据技术进一步提高数据资源的收集效率，同时促进信息化管理工作顺利开展。

近年来，我国高等院校不断加大信息化教学模式的改革和建设力度，但大部分高校仍然无法摆脱"重硬件、轻软件"的建设误区，模糊了传统教学与新型信息化教学的界限。在大数据技术快速发展的背景下，构建新型教学模式是高校开展信息化教学工作的基础。因此，高校在发展过程中应当正确认识大数据理念的重要意义，不断优化信息化教学模式，有针对性地推动教育教学改革的发展。

第五节　信息化环境下的高校档案管理

随着现代化技术的不断发展，高校档案管理工作正面临着巨大的机遇和考验。高校每一位学生的档案都存储在学校的档案库中，这是每个高校档案库中的重要信息，在每个高校的招生及管理方面都起着非常重要的作用。所以，各大院校档案管理工作需要逐渐与信息化环境相融合，全方位地提高档案管理技术，解决高校档案管理工作中存在的问题，更加有效地推动高校档案管理的信息化建设，使得全国高等院校的档案管理更加完善。

高校档案管理在国家档案管理中占据着重要地位，也是社会信息系统中不可或缺的部分。在信息化的冲击下，高校档案管理面临着新的挑战和机遇。目前，数字信息化已经深入高校档案管理的方方面面。高校档案信息化管理不仅是互联网时代的必然产物，更是高校发展的动力和途径。在高校档案改革推进的道路上，实现互联网信息化能够帮助高校获得最大利益，是我国教育事业发展的必然要求。

一、信息化环境下高校档案管理的作用和意义

高校档案信息化管理具有两方面的作用。一是时代发展的必然潮流，二是当前互联网信息化发展的要求。同时，随着社会经济的发展，教育改革不断深入，高校档案管理在不断革新的基础上需要实现信息化管理。

（一）高校档案信息化具有易保管、易开发、易使用的作用

在电子信息化普遍应用之前，高校档案采取传统的管理方式，这种管理方式主要依靠人工作业，检索局限性大、效率低；特别是在整理、查找、翻阅电子类型的档案时，往往要耗费大量的时间和人力；在翻阅的过程中，甚至会造成数据的流失。因此，高校实行高校档案信息化管理非常必要。高校档案信息化管理能快速对数据进行储存、传输、检索和共享，相比传统的手工作业更加省时省力，且方便使用、易操作。另外，高校档案实现信息化管理之后，档案工作人员可以拥有更加充足的时间进行科研，为学校赢得了更广阔的发展空间。

众所周知，档案信息库的作用主要就是给使用者提供服务。信息化档案的建立给学校的教师和学生提供了更加便利的服务。如果高校建立档案仅仅是为完成一项工作，那么档案的建立也就失去了它原本的意义。因此，在建设高校档案信息化时，应以给使用者提供价值的大小作为重要参考依据。另外，高校档案信息化应紧跟社会、时代发展的步伐，只有不断推陈出新、与时俱进，实现规范化管理模式，才能为高校工作者、学生、老师提供最切合实际的服务。

（二）高校档案信息化是高校改革的必由之路

高校档案是将学校中有价值的资源进行储存、保管，方便人们使用。当前，互联网信息已经进驻各行各业，在高校改革的同时，信息化档案管理成了一种必然走向。档案的建立就是要发挥其最大的使用价值。高校实现信息化档案管理，能够提高信息的使用效率。档案只有在频繁使用的情况下，才会显示出更大的价值。在信息化时代的影响下，高校推出了数字化校园建设的理念。在该理念的指导下，高校档案管理必须要实现信息化管理。高校档案信息化要走向正规发展的道路，首先要建立完善的网络体系，充分利用系统平台的功能对档案进行分类、筛选和处理。其次，除了建立网络化系统外，最重要的工作就是聚集更多的信息资源。网络只是传播的工具，如果没有信息资源，网络就会成为无源之水，没有办法利用。因此，高校档案信息化管理能够借助网络的力量，最大化地实现档案资源的价值。

二、信息化环境下高校档案管理存在的问题及其分析

（一）管理理念滞后，人员素质有待提升

目前，我国部分高校还没有认识到档案管理及其信息化的重要意义，仅仅将其界定在资料保存的传统范畴内，忽视了其重要价值与作用，制约了信息化进程和服务质量的提升。档案管理信息化需要专业人员来推进。

（二）资源分散，保障体系亟待健全

高校档案管理信息化是一项复杂的工程，需要将海量的文献资料和数据信息整合在一起，并通过分类整理和高效储存来发挥其作用。然而，在我国，部分高校档案资源分布还很分散，尤其是教学档案、科研档案处于条块分割管理状态，缺乏统一数据库平台的支撑，不仅给学校管理带来麻烦，也给信息资源使用带来负担。与此同时，我国一些高校档案管理人员由于信息安全和保密意识不够，加之档案管理的信息化程度和加密措施缺乏规制，

经常导致档案数据资料在利用中出现信息泄密现象，在很大程度上给档案的安全管理带来风险。

（三）基础设施缺失，管理标准失范

高校档案管理信息化需要坚实的基础设施的支撑，还需要标准化操作规程与管理制度的保障，如果离开了功能完善的设施设备与信息系统以及管理规范，则根本谈不上信息化管理。然而，目前我国部分高校的档案管理还处在手工作业状态；有些高校的档案管理虽配置了计算机，但由于缺乏专用管理软件，导致档案管理仅仅局限在普通的文档管理，谈不上数据检索和自动化分类。在实践中，部分高校的档案管理缺乏统一标准和操作规程的引领与指导，从而导致电子信息的真实性、完整性，以及电子签名的真实性和认证等方面还存在瑕疵，制约了档案管理的规范化与科学化。

三、信息化环境下高校档案管理改革措施

（一）加大档案信息化基础设施投入

针对当前高校档案信息管理设施建设投入不足的问题，从以往分析来看，高校领导层能够更新自身的观念认识，明确信息化档案管理工作的重要性，实施相关措施，比如：加大资金投入，为档案信息化建设专项拨款，同时协调相关部门积极配合进行合理的档案归档和信息提取等，给予档案管理工作充分的物质支撑，及时购买新型档案管理硬件，确保信息档案管理软件可以及时更新升级，从而促使高校档案管理工作朝着更好的方向发展。如果高校在档案管理工作开展时过于依赖校园网，就需要建设一个局域网；而如果高校档案数据库建设跟不上局域网建设步伐，就只能实现较少档案的全文检索，从而对档案的查询使用造成影响。针对这种落后的弊端，高校必须要加大人力、物力、财力等多方面的投入，要加快档案系统的数字资源建设，促使档案管理工作更好地向数字化的方向转变，这样才能推动

高校档案信息化管理改革。

（二）强化信息化档案管理人才培养

高校信息化建设对高校档案管理工作人员的素质能力提出了更高的要求。为更好地推动高校档案管理工作改革，加大信息化的专业人才培养力度是十分重要的。在信息技术环境下高校档案管理，工作人员除了要做好本职工作外，还要解决计算机和网络技术方面的问题，注重现代管理与现代服务的有效融合，不断地更新自身的管理工作意识，完善档案信息服务，适应社会发展要求。为此，高校档案管理工作人员必须要强化对计算机软件知识方面的学习、应用，确保在日常工作之中可以熟练操作掌握各项管理系统软件，同时可以对信息档案做出相应的保护，避免因病毒的恶意攻击而造成档案信息缺失，从而为档案数据安全提供保障。而为了确保高校档案管理工作人员具备这样的能力，高校领导层面也需提升认识，明确档案信息管理工作的重要性，通过培训会议、校园知识讲座等多种方式，加大高校档案管理工作人员的学习力度，从而打造素质更强、专业更硬的信息化管理档案人才队伍。

（三）健全信息化档案管理机制体制

在高校信息化建设的过程中，除要有完善的数字档案管理系统外，还应该有与之相应的管理机制，这样才能促使档案信息管理工作朝着规范化、标准化的方向发展，对此有以下几个方面的建议：第一，要建立规范化的工作管理制度，制定统一的信息化技术应用标准，从而实现对档案整理、分类、查询、检索、修改、更新、统计于一体的管理体制，确保高校的信息化档案管理工作符合国家各项规章管理制度，这样才能更好地推动高校信息档案管理工作长远发展。第二，要建立责任承包制和工作奖惩制，通过这些管理机制体制的建立，确保在信息化档案管理工作中，所有的工作人员都可以各司其职，规范自身的工作行为，提高对信息档案管理工作的积极性。第三，建立监督机制，即高校要定期选派专人，对信息环境下的管理工作展开监督，若是发现高校信息管理工作人员有马虎大意、工作态度不认真、不按规则制度执行的管理工作行为，要及时指出，并给予其教育批评，通过监督机制的建立，推动信息档案管理工作良性运行。

在信息化技术环境下，高校档案管理工作应该顺应发展趋势，加强档案系统的数字资源建设，注重现代管理与现代服务的有效融合，不断地推进档案工作的信息化基础建设，强化档案管理人才培养，健全信息化档案管理机制，注重档案信息数据的有效安全，更好地推动我国高校档案管理工作长远发展。

第七章 我国高校通识教育研究

第一节 我国高校通识教育的基本理论

所谓通识教育，是从英文词语 General Education 翻译而来的，除了译为通识教育，还可以译成文化素质教育或者普通教育。它是与专业教育（Professional Education）相对应的。两者在教育版图上形成一种互补关系：通识教育强调知识的广泛性、基础性，是涉及各种人文艺术、科学社会伦理规范的素质教育，是为受教育者能够有效参与人类群体性的社会生活，为人的全面发展铺垫知识、思想与理论基础，培养健全的心理素质而服务的；而专业教育则不同，它显然具有更多的专业性、技术性、工具性，它的目标是在一定社会现实分工框架下把人塑造成一个社会生产者，无论是物质生产者，还是精神文化生产者，特别是在现代多元化的社会中，为受教育者提供潜在的社会黏合剂，传授"通行于不同人群之间的知识和价值观"。

一、高校通识教育的理论探讨

通识教育，在西方可以追溯到古代西方的自由教育，古希腊时代的自由学科（Liberal Arts）关注理性思维与感性直觉之间的通融性与人格的完整性。在中国，通识教育可以追溯到中国古代的"六艺"教育，甚至在更远的《易经》中就有"君子以多识前言往行"之说，《中庸》说做学问要"博学之"，《淮南子》有"通智得而不劳"的言论，《论衡》载"博览古今者为通人"，通人即通才、全才的意思。可见，中西方文化都很关注人的完整性，无论是人格的完整性还是知识技能的相互通融性，这是人类历史延续下来的共同精神传统。

当今通识教育与专业教育的分化主要是近现代工业化导致教育细分的产物。牛顿时代的教育还是各种知识的综合传授，他将其主要的物理学贡献写成《自然哲学的数学原理》。斯宾诺莎试图用几何学原理的论证方式来论述伦理道德的科学性，这说明，那时的知识体系在人文与自然科学之间的分界并不明显，又怎么会有今天学科分类已经细化到三级的程度？19世纪之后，西方的一些教育学家认识到现代大学的学术分科过于细化，知识之间的分割导致"人的全面发展"的观念受到严重破坏，因而提出了弥合这种教育分割现状的应对策略，这就是近代高等教育中的通识教育。1829年，美国教授帕卡德（A.S.Parkard）首次在大学教育中提出通识教育模式，并受到普遍重视。而且随着社会分工、专业化分工的日益深入，人们更加感受到通识教育的重要性。哈佛大学1945年发表的报告《自由社会中的通识教育》宣称，通识教育主要培养学生的社会责任感与较高的公民素质。人们并未因为学科分类的细化而忽视学科之间的融合，以及内在的互通一致性与综合整体性，因为一切知识的出发地与落脚地、所面向的最终都是人类社会的现实世界。这个本体是唯一的，是一个整体性的基础，无论什么门类的知识与技能都离不开它。知识的合法性与存在意义都是由生活世界所赋予的，最终也都要回到生活世界获得价值验证，获得是否继续发展的存在判据。著名的麻省理工学院（MIT）从学校名称看像是一个侧重专业教育的理工类大学，但事实上，麻省理工学院非常重视通识教育，其人文社科的教育与研究水平也相当高，通过文理并重的教育，培养了一批又一批优秀的综合性人才与社会精英；哈佛大学更不用说，其著名的通识教育课——桑德尔的伦理学公开课"公平与正义"风靡全球。

在我国高校的通识教育，各校有不同的称呼，有的叫博雅教育，有的叫通才教育，有的直接叫素质教育。我国当前高校发展通识教育从 1995 年开始算起已二十年多了，但迄今对通识教育还没有形成一致的认知和教育规范，还没有在理论上形成成熟的教育规范，这直接影响通识教育理念的贯彻与相应教学实践的落实，还有比较强的专业教育的痕迹。通识教育与专业化教育看起来的本质差别很大，两者对教育的目的与意义都有不同的认知与理解；或者说，两者的不同是教育理论的根本不同，是教育的方向性问题。正因为此，我们有必要首先就高校通识教育的理论进行探讨，把一些观念性的问题进行澄清。

对比美国通识教育，在美国高校的通识教育的相关理论中，美国 20 世纪初兴起的进步主义教育、以杜威为代表的实用主义思想对教育理论的改造起到了重要的作用。其代表性的口号是"做中学"，以学生为中心，保持教育与社会现实需要和时代发展之间的密切联系。以杜威实用主义教育思想是基于人与自然、人与社会之间的互动性关系，倡导面向实践、以变化发展的眼光看待大学教育的任务和目标，进而实施灵活多样、以学生和社会需求为导向的通识教育。我国教育学界对于高校通识教育的理论直到近些年来才有比较深入的探讨，提出了思想政治教育论、文化素质教育论和通才教育论等理论主张。其中，思想政治教育论带有较强的中国特色，是马克思主义中国化在高校教育发展中的一种现实成果。思想政治教育课是每个大学生都必修的公共课（"两课"），是教育学生掌握并运用马克思主义思想和方法，树立正确的世界观、人生观、价值观的理论基础。而且，马克思、恩格斯创立的历史唯物主义在哲学、社会科学等诸多方面都具有基础性的指导和理论意义。

文化素质教育论强调大学生人文教育的重要性，这也是 1995 年国家教委提出的有关通识教育的基本理念。因为，过细的专业划分将使学生的知识结构在面对快速变化时暴露出局限性，文理分科也已不合时宜地让人文与科学产生鸿沟，导致理工科学生缺乏人文素养，而人文社科类学生则缺乏基本的科学常识，这些都非常不利于培养大学生健全的人格、完备的兼具科学与人文精神的知识结构。我国高校2017年按照大学科门类招生就是这种理论主张改革的结果，大一新生入学后先都按大类培养，不进行明确的专业分化，相应的课程设置也较为宽泛；经过一段时间的基础课程学习之后，根据学生志愿、学习情况、高考成绩等具体确认专业，学生再进入专业领域的学习。在高校通才教育论看来，高校就是把学生培养成德、智、体、美、劳全面发展的人才的地方。

通识教育也是"大学精神"——民主、科学、真理、正义、自由、宽容——的课程实现方式，是现代教育理念中国化的实践过程。我国高校教育既需要有中国特色，又要全面改革开放面向世界，而通识教育可在相当程度上整合多样性的现代教育理念和模式，赋予中国传统文化以新的内涵，既体现出新时代的特征，又保持传统中国传统文化的民族特性，把现代文明与中国传统文化有效结合起来。

二、我国高校通识教育的教学实践现状与分析

理想的通识教育应该是对所有十二大门类的基础性普及，让每个人在十二大类中都可以具有一定的入门水平，然后进行专业训练。可是，按照现在的教育模式，小学、初中已经对所有这十二大门类都有了最基础性的知识的入门和了解。在大学阶段，这些知识不能像专业知识在质与量两个方面的增长速度都得到相应的提升，更多地是侧重专业知识与技能训练。

中华人民共和国成立之后，由于历史的原因，我国高校仿效苏联，在相当长一段时间里侧重"专业化"而非"通识精神"。近些年来，我国高校通识教育有了较大发展，在课程数量、种类、教育质量方面都有所提高。但是，整体来说情况不是很乐观。通识教育在全国高校范围内存在不平衡的现象。

可以说，我国代表性的高校都认识到通识教育的重要价值，也在积极尝试通识教育的改革，然而在本科以下高校里，情况则较为复杂。不同的学校差别很大，不同类别的学校也有很大的不同。例如，少数体育院校培养方案中凸显通识课程，课程类别的遴选和课程结构有待进一步完善，课程总学分和课程门数校际差异不明显，学生对通识课程学分安排、课程门类以及通识课程任课教师的满意度不高。

我国高校通识教育还不够理想的主要原因主要有：

第一，课程设置还没有达到合理的标准。我国高校通识教育主要是通过相关课程设置与执行来实现的。北京大学的元培学院设置公共课程通识选修课程；清华大学的通识课是共同核心课程文化素质核心课程；浙江大学的求是学院按学科分类组成不同的课程组供学生选修；复旦大学的复旦学院分设国家课程、大学课程、综合课程、核心课程；南京大学的匡亚明学院的课程分为必修文理平台课程、模块课程、专业核心课程与选修课程。这些高校的课程设置打破了原有专业课的局限，反映了通识教育的基本精神。但是，由于仍处于探索阶段，还没有形成稳定的教学模式，即使是课程设置也没有显著的变化。例如，自 2006 年起实施的复旦通识教育核心课程体系，在实施 10 年后进行了较大幅度的调整，对 180 门通识教育核心课程重新规划，重新调整，在原有文史经典与文化传承、哲学智慧与批判性思维、文明对话与世界视野、科技发展与科学精神、生态环境与生命关怀、艺术创作与审美体验等 6 个模块基础上增设社会研究与当代中国模块，共有五十多个基本课程单元，并打破原有自然科学、工程科学、人文、社会科学等大科目界限。又如，北京大学陈向明教授在对北京大学通识教育进行抽样调查发现，专业课中通史、概论课偏多，流于形式的通识课中大多是知识记忆性质的肤浅知识，而没有深刻思想、方法、学识的内容，教学效果适得其反，学生课业负担加重，只能通过机械性背诵来过关。

第二，教师队伍建设、教学方法与教学管理也很重要。当前高校的教师在其受教育的时期大多接受的是专业教育，现在要求他们去进行通识课程的教学，对他们来说是一个挑战。他们即便能够在观念上接受通识教育的精神，但在具体教学实践中，还是缺乏经验，甚至其自身的基础理论也不够扎实充分，而且这种情况还比较普遍。教师队伍的梯度结构也还远没有形成，与专业课程相比，通识课程起步晚、经验不足、成熟教案教法不多。这种状况容易造成教学实践上的问题与错误，尤其教师队伍本身的通识教育缺乏，基础薄弱，因而在教学实践上难以把握分寸，可能难以正确且恰当地处理通识教育与专业教育之间的关系，难以做到两者之间相互融合、相互促进。当前大多数通识教育课都是由单一教师授课，缺乏协同教学的方法，容易造成学生的"课堂疲劳"，教学实效性下降。当然还有教学管理问题，通识教育课本来就比较难上，许多学校又没有相应的激励机制，教学投入又不足，而且当前各种政策管理存在片面性问题，高校即便有好的想法，但要付诸实践也困难重重。

第三，当然从长远来看，最重要的可能还是观念上的问题。最有持久性影响的因素是人们的通识精神对于通识教育的观念与共识还未形成。当前，我国高校对通识教育的思想认识还不充分，不够明确，也不深入；重理轻文的观念在学生家长、教师中还有残存，影响着当前的高等教育。有人认为，通识教育就是多增加一些"没有实用性"的课程，是虚的花架子；有的人即便了解到其重要性，也不在教育实践中采取行之有效的措施；有的人即便采取了措施，但由于实际教学效果的不佳也逐渐丧失信心；还有的人基于对传统文化的片面理解，认为通识教育就是增加传统"国学"之类的科目，甚至用汉服唐装来替代现代衣饰，好像通过这样的简单替换仪式就可以弥补现代学科分化、专业分工带来的社会弊端。在社会上，学生家长还普遍存在功利主义，如毕业找到好工作的短视性愿望。总之，很多人对"大学精神"的理解还是片面的。大学要培养富有想象力、创造力的人。英国哲学家、数学家怀特海说："大学存在的理由在于，它联合青年人和老年人共同对学问进行富有想象的研究，以保持知识和火热的生活之间的联系。大学传授知识，但它是富有想象力的传授知识。至少，这是大学对社会应履行的职责。一所大学若做不到这一点，它就没有理由存在下去。"

三、我国高校通识教育的改进探索

（一）教育观念的改革

首先，通识教育既要有现实感，又要有历史意识，并遵循时代性要求。虽然当下我国高校提倡通识教育是因为曾经的高等教育过度关注专业化导致知识与人完整人格培养出现片面性弊端，但是，我们并不能以今天的社会发展需要否定中华人民共和国成立之后一段时间内"培养专业化人才"的高等教育宗旨。随着我国经济社会的发展，人们逐渐认识到高等教育发展的时代性问题。例如，20世纪80年代文化热的形成就是由于我国经济社会发展到一定阶段对人的思想观念、精神层面提出更高要求的一种发展结果。在其影响下，我国高等教育提出了"通才教育、文理渗透"的主张。简言之，一个时代有一个时代的主题，有一个时代的历史使命。

其次，通识教育要坚持理论与实践相结合。复旦大学的通识教育在国内是比较早开始进行的，是比较有经验的。经过多次调整，所有课程都不是单纯的"枯燥"的理论讲解，而是关注理论与实践的结合，关注具体问题具体分析的方法论导向。复旦大学物理系教授金晓峰讲授通识课"人文的物理学"，就特别强调，"因为所有的批判性思维、所有的质疑能力、独立思考的能力等一切的能力，都是要有场景训练的"。这门没有教材并且通篇没有一个物理公式的物理课，从起源于古希腊文的科学一词一直谈到20世纪的相对论和量子物理学。科学与文学、艺术、历史一样，都是大师的杰作，并一同构成广义上真正的人文学科。通过这一门课程的学习，学生既能够认识科学的作用和局限性，也不会为当前颇具争议的"科学主义"感到困惑。这才是真正的理论联系实践，贯通人文与自然科学的通识教育。

最后，我国高校要有世界视野。通识教育已成为世界各国高校普遍接受的教学方式，我国高校要参加国际交流，要使通识教育融入中国高等教育的基础概念中，从而丰富和发展我国高校的教育思想和教育方法。哲学社会科学是通识教育重要的组成部分，可以说，我国高校的通识教育课承担着提升我国未来综合国力、实现我国软实力崛起的时代重任。

（二）教学措施的改革

我国当前大多数高校没有设置专门的通识教育机构，相关的通识教育大多是由基础教育部、人文学院、马克思主义学院等独立的二级机构来承担。例如，海南师范大学与"教育"相关的二级机构倒不少，有初等教育学院、继续教育学院、教育学院、教育科学研究院，但就是没有独立的、专门的通识教育部门，相关的通识教育课程主要是由马克思主义学院的部分老师来承担；学校投入的经费相当有限，大多还是从那四门马克思主义基础教育课程中拨出。高校的学科教学应对哲学社会科学的教育重视起来了，要在所有通识课程上下力气；在成立专门的教育机构之前，至少要做到制度性安排，从校级领导开始重视，组成专门的通识教育委员会，把文学院、教育学院等其他相关学院的师资队伍以及相关行政教辅单位的力量组织起来，统一通识教育认识，制定科学且行之有效的通识教育机制。

而且，通识课程设置要合理，兼顾灵活性与持续性，适时调整课程结构。单从课程设置上来说，我国的高等教育丰富多样，甚至显得有些庞杂。例如，浙江大学目前的通识教育课程约有400门，复旦大学通识教育必修课占比超过65%，而且许多高校的通识必修课主要是思政品德。目前，美国高校的通识教育课程一般分自然科学、社会科学、人文艺术、历史地理这4个方向，以及通识教育、专业课程、选修课程等 3 个模块。而我国高校通识课主要是全校必修通识课、文化素质选修课两类，自 1990 年代以来，前者所占比重有所增加，达到大学课程总量的 1/3 左右。虽然大部分课程在满足时代发展需要方面保持了灵活性，但某些课程却是持续性有余而灵活性不足。随着最近几年来信息技术和"互联网 +"对教育的快速提升和发展促进，大型开放式网络课程（MOOC）、网上教育、微格教学等，都对高校通识教育的课程设置提出了挑战。通识教育必须在课程设置上给予回应，如适当放宽选修课的比例，保持跟随时代发展的灵活性，才能展开整个通识教育的改革。

当然，教学方式的多样化、加强实效性、培养和激发学生兴趣也很重要。通识教育需要有高水平的教师队伍，最好是所有的知名教授都进行某种程度的通识教育参与，其根本原因就在于这些经验丰富的、知识宽广、学识渊博的教师通常能够有针对性地把握课堂教学，通过多样化模式在有限的时间里最大限度地获得教学实效，从而通过有实效性的教学，把通识教育的思想渗透到教学课程当中去，这是与专业教育形成鲜明对比的独特之处。美国知名大学如哈佛大学、麻省理工学院的通识教育课程设置、大型开放式网络课程（MOOC）等公开课，开设研讨班的方式，都大大提高了教学效率，加强了教师与学生之间的互动合作，从而达到培养学生基础知识与素质的目的。这样的课程不仅教育了学生，而且对教师来说也可能是一种难忘的教学实践的享受，教师在传授知识的同时很可能启发了自己的学术思考，对人与社会的思考更有洞察力与智慧，真正做到传授通识教育的核心价值与精神。

第二节　高校通识教育教学模式

一、世界经济概论课程通识教育模式创新的必要性

"世界经济概论"作为一门综合经济学课程，是国际经济与贸易专业本科生的专业选修、研究生的专业必修课程，涉及面比较广，不仅要研究各国的国别经济、探讨当代世界经济发展变化的规律和国际经济的传导机制，还要研究现代国际经济关系以及影响国际经济关系运行的动因、周期和机制等一系列问题。这些内容所涉及的理论都非常丰富，所涉及的相关问题也错综复杂，不仅涉及经济学领域，还涉及政治、文化、历史和社会学领域，需要学生能够运用综合知识深入地探讨。同时，随着时代的发展，"世界经济概论"的教学内容也不断丰富。

通识教育是一种广泛的、非专业性的、非功利性的基本知识、技能和态度的教育，是一种人才培养的模式，其目标是培养"完整的人"，即具备远大目光、通融识见、博雅精神和优美情感的人。随着国际经济的发展，社会对于经管类人才培养提出了更高的要求。如何通过课堂教学模式的创新，向学生展示世界经济的整体脉络和走向，客观且辩证地透视国际经济关系及其运行机制，培养学生独立分析、思考世界经济运行中普遍存在的问题，全面提升、完善学生的知识结构和综合素质，将在教学过程中变得极为重要。基于此，高校应以在专业教学实践中有效实现通识教育为导向，结合高校世界经济概论课程教学现状，对其课程体系与教学内容的相关情况进行调研，调查国际经济与贸易专业学生对世界经济概论课程教学的一些感受和看法，进一步完善该课程的教学模式、教学方法、教学内容，提高教学管理水平。

二、东北财经大学世界经济概论教学调查结果分析

鉴于世界经济概论课程的重要地位，结合其自身特点和教学现状以及东北财经大学世界经济专业建设的发展阶段，为更好地推进课程的精品化建设，全面了解教学中存在的问题，课题组于 2013 年 5 月至 7 月展开相关调查。本次调查样本具有代表性，以东北财经大学 2012 级国际经济贸易学院研究生为调查对象，涉及国际经济与贸易、世界经济两个专业。调查问卷内容共涉及 12 个问题，重点关注学生在专业课学习、知识体系、分析问题、解决问题和创新能力等方面存在的局限性，反馈教师在教学过程中在教学手段、教学方法、教学效果等方面存在的问题。为了使数据真实有效，问卷采用匿名填写的方式，共发放调查问卷 70 份，收回有效问卷 61 份，回收率为 87%。[①]

（一）满意度分析

1. 课程设置满意度情况

课程设置满意度调查包括对课程总体的满意度、对教学内容的评价、对授课教师的评价。对课程总体的满意度调查显示，在回收的 61 份调查问卷中，有 52 名学生对世界经济概论课程表示满意或非常满意，占学生总数的 85.2%，可见学生对课程总体的满意度很高。在课程设置内容方面，39 名学生认为课程内容能够抓住当代世界经济格局、紧贴时代，有 2 名学生认为课程教授的理念和内容比当今主流研究更为超前，但也有 20 名学生认为课堂呈现的内容有些过时，跟不上时代发展的潮流。由此可见，在课程设置方面，教学的内容和主题需要进一步完善。对授课教师的调查结果显示，有 27 名学生对教师总体教学质量的评价是"优秀"，占学生总数的 44.3%；有 25 名学生给出的评价是"良好"，占学生总数的 41%。在访谈中得知，绝大多

---

① 数据来源：蓝天著，高校通识教育教学模式创新。

数学生都对任课教师的素质表示赞赏，并希望得到教师更多的指导，可见教师的个人素质获得了学生的广泛认可。

2. 学生对课程的参与程度

学生对于课程的参与程度往往是一门课程教学效果的重要量度。对于学生课程参与程度的调查包括两部分，第一部分是对学生课堂出勤率的调查。调查显示，61 名学生中有 40 名学生一学期的世界经济概论课程从未缺勤过，有 19 名学生缺勤过 1 ~ 2 次，缺勤 3 次以上（包括 3 次）的学生只有 2 名，说明从整体上看，学生出勤率较高，课程内容足够吸引人。第二部分是对学生参与课程方式的调查。调查结果显示，学生间通过小组讨论等合作方式完成课程题目频率均数介于 1.5 ~ 2.0 之间，其频度接近于"有时"，说明课程学习方式比较理想，但是距离频度"经常"还有不小的差距，说明传统授课方式仍支配着课堂教学模式，学生在课堂的主体地位仍有待提高。

（二）通识教学模式影响效果及反馈意见分析

1. 课程对学生知识储备和人文底蕴的影响

相对于专业教育，通识教育模式更加强调对学生多层次、全方面、非功利性的培养，世界经济概论采用通识教育模式的目的是在专业学习中挖掘各种培养方式，以提高学生的创新能力和操作能力，从而在专业实践中有效实现通识教育。对通识教育模式实际效果的调查结果也体现了这一点，有 39 名学生认为，世界经济概论课程符合时代要求，能够拓宽知识面并且开拓国际视野和意识；有 11 名学生表示课程学习使得专业技能得到了强化，对于未来的就业更有竞争力，分别占调查总人数的 64% 和 18%；另外一项调查显示，有超过 75% 的学生认为世界经济概论课程对于他们的知识储备和人文底蕴提升起到了较大的作用。

2. 学生对于通识教育的理解和自身观念

要使通识教育课程对学生产生更深远的影响，就必须深刻把握当今学生对于自身的定位和对于教育的理解。从调查结果来看，25%的学生表示对通识教育"没有一点认识"；表示"稍微知道"的学生占75%，他们的认识就是通识教育是"除专业课外的增加知识的课程"，其中还有4%的学生认为通识教育课就是全校公共必修课，而几乎没有一个学生真正理解通识教育的意义。在关于学生自身观念的调查中，认为"社会最需要通才"和"社会最需要专才"的学生各占30%和70%。而在"你个人现在最需要提升什么方面能力"的问题上，比例最高的选项是"专业水平"和"眼光视野"，分别占42.6%和24.6%。可见在研究生阶段，专业教育模式依然深入人心，对课程知识的学习和对专业技术的掌握是学生自身培养的中心目标。另外，通过对学校组织的其他形式通识教育的参与度调查发现，学生的积极性并不是很高，有超过50%的学生选择选修课只是为了单纯修满学分；在学校和研究生院组织的各种类型讲座和论坛活动中，接近60%的学生一学期中只是自愿参与过1～2次。由此可见，"重专业技术，轻人文素养"的理念在当今校园根深蒂固，"重专业培养，轻人性教养"的做法始终存在，学校和教师必须积极鼓励和引导学生在学习专业技术的同时注重培养思维方式和人文精神。

3. 有关世界经济概论课程的意见反馈

调查的最后栏目侧重于学生对于世界经济概论课程的反馈意见。在教学方式方面，有25名学生希望课堂教学可以多以小组讨论的形式进行，另外有25名学生建议教师讲授、课堂讨论、学生报告等多种方式并存，各占被调查总人数的41%。可见越来越多的学生希望成为课堂的主体，在实践操作中获得感性的认识及真实的体验。此外对于课程其他方面的改进意见中，有60%的学生认为课程体系应该进一步优化，以拓展广度和宽度，教学方式、教师水平、评价方式也都成为学生关注的重点。

三、优化和推进通识教育创新的建议

从本次调查结果可以看出，目前通识教育的主要问题存在于学生认识、课程内容设置方面。从学生认识角度来看，大多数学生对于通识教育的认识还十分模糊，专业教育意识仍然占据主导地位；从课程设置角度来看，教学内容的深度、广度仍有待提高，课程设置的合理性也有待提高。基于上述问题，可以从以下几方面推进和优化通识教育的创新：

（一）转变观念，深化对大学通识教育理念的认识

根据通识教育的理念，大学教育应给予学生全面的教育和训练，通识教育既体现在专业教育，也体现在非专业教育中。世界经济概论虽然以研究国际经济问题为核心，但是需要有政治、文化、社会、历史等相关学科的知识作辅助才能将问题分析得明白、透彻。无论是本科生还是研究生都存在一个共同的问题，就是学生知识面狭窄，仅限于专业知识的运用，而综合运用经济、政治、文化和社会等跨学科知识分析、解决问题的能力不强。换言之，就是学生由于知识结构存在短板，从而在专业学习中可能在知识、思维和方法方面存在一些局限。这反映了高校教学过程中通识教育的匮乏。通识教育和专业教育的有机结合还需要进一步强化。高校应大力加强通识教育的宣传工作，进一步深化师生对大学通识教育的理解，使全体师生转变观念，充分认识到通识教育是对过去高度专业化人才培养模式的纠正和改进，在全体师生思想观念达成共识的基础上，加大对通识教育的投入，推动通识教育改革深入发展。

（二）改善教学方式，努力提升通识教育质量

首先，优化设计通识课程的授课内容。区别于专业课程，通识课程更注重知识的广博，既要讲到"点"，更要覆盖"面"。在教学目标上，它与专业课程也有很大不同，两者需要达到的教学效果不同。考虑到课程性质的

差异，课程内容需经过精心筛选、设计，以提高通识教育课程的质量，达到预期目标。其次，优化整合通识教育的课程形式。通识课程具有广博性，可以针对不同应用型人才的培养目标选择不同的教材，进行不同的课时分配。通识教育的课程设计应注意与其他相关课程教学的衔接，突出教学内容的基本知识与重点、难点。教学形式提倡多样性，可采取讲座、论坛等形式。总之，高校应分门别类统筹通识教育的教学时间与教学方式，使教学效果达到优化。

（三）加强通识教育师资队伍建设

高素质的师资队伍是通识教育课程质量的保证，因此高校应该加强通识教育师资队伍的建设。首先，引入合适的通识课程师资力量。通识课程贵在"通"，因此，高校应该选择既有丰富教学经验、视野开阔、有教学热情、深谙教学技巧的资深教师开设通识教育课程。其次，建设通识课程教师的合理梯队，确保通识教育的持续开展。高校一方面要倡导知名学者和教授上通识课程；另一方面也要鼓励优秀的年轻教师开设通识课程，并通过教学观摩等形式，畅通教师学习通道，形成专家学者与青年教师相互交流、相互促进的良好梯队。

另外，高校应把通识教育教师的素质提高作为通识课程师资队伍建设的重点。一方面安排通识教育专家给不同学科领域的通识课程教师开设讲座，帮助教师提高其通识课程教育的学科观念，寻找个人能力和特点与通识教育的契合点；另一方面鼓励通识教育教师积极参加相关学术研讨会，不断增强其通识意识，提高其教学技巧和教学水平。

（四）创新通识教育教学模式

随着学生在学术研究中的自主性不断增强，高等院校中的教育教学模式应从传统的"填鸭式教育"转变成"以学生为中心"的课堂教学方式。笔者在这里提倡以下三种教学模式：第一种教学模式是"课研组"的教师合作教学模式。即将不同学科背景的教师组建起来，通过教师之间的沟通、组织，使传授给学生的知识更具有综合性。教师间合作可以实现教学经验互补与资源共享，使个人的认知结构得以改善。科研组各教师的融合程度越高，课堂教学效果将会越好。高校也可以有效运用激励机制去促成"课研组"的生成与发展。第二种教学模式是"平行教学"与"交替教学"的课堂协作模式。即教师基于不同的学科背景，以一门课两个或多个教师的方式参与课堂教学的知识呈现模式。这种教育模式如果能和第一种模式相结合，则可以弥补"科研组"模式中可能出现的教师知识融合不足的情况，发挥优势互补作用。第三种教育模式是教师基于网络的自主学习型教学模式。即教师通过当代社会的众多资源不断筛选、吸收知识，提高知识储备量。教师通过课堂内外的团队合作与自身的学习，将"课研组"模式和"平行教学""交替教学"相结合，再进一步融合个人的学识和努力，最终践行教师个人、团队、课堂、学生的通识教育，促进通识教育的创新和发展。

第三节　高校通识教育课程教学

高校通识教育是相对于专业教育而言的，是以"一般教育"为理念，并由此形成相对学科专业来说，与人生、社会、生态等联系更宽泛的教育模式、课程体系和教学方式。作为高等教育的重要组成部分，通识教育就其内容而言是"一种广泛的、非专业性的、非功利性的基本知识、技能和态度的教育"，因此具有普遍性、共同性、基础性、广博性等特征。现代高校注重专业教育，以培养各学科的专门人才，但是如果片面地开展专业教育而忽视通识教育，则可能制约人的个性自由和全面发展。借助通识教育的理念与思路，打破专业间的壁垒，使学生重视对自然科学、社会科学、人文科学等不同领域知识的学习与整合，以培养视野开阔、见识通达、人格健全的具有创新精神的复合型人才，这是我国高等教育教学改革的重要内容。

21世纪初，鉴于"专业化教育"给高校在人才培养方面带来的短视与狭隘，我国部分高校开始探索与实践通识教育。但"出于谨慎"抑或是"理解上的偏差"，高校在具体实施过程中将通识教育等同于"精英教育"，通识课程仅面向部分学生开放，这种情况一直到2007年以后才得到改变。近年来，随着对通识教育内涵的深入理解，高校在发展专业教育的同时更加关注通识核心课程建设，而且越来越注重通识课程的教学改革，以提高通识教育培养质量。目前，许多本科高校在专业教育中融入通识教育，实施"通识教育基础上的专业教育"培养模式，即将通识教育课程外延扩大至公共必修课领域，并与通识教育选修课一并设计构建，通过夯实基础、拓宽视野、提高素养等培养高素质创新人才。

实施通识教育，提升学生综合素质，已经成为各高校的共识。但是，在实践层面，通识教育面临诸多问题。例如，从外部环境来看，社会对高等教育的期望值越来越高，狭隘功利主义的追求、就业和职业目标的追逐，导致通识教育社会认同度不高；从大学内部看，"通识教育理念似乎得到普遍的肯定，但一到具体实施，就会受到种种质疑，甚至遭到抵制和排斥"。

诸多问题集中反映在通识教育的课程设置与教学效果方面。如何从人才培养方案、课程设置、教学时数、教学活动、教学条件等各方面规划和落实通识教育，成为学界普遍关注的话题。本节拟从诠释通识教育有效教学的内涵与特征入手，分析通识教育面临的困境，探究可行的解决路径。

一、通识教育有效教学的内涵与特征

有效教学是指"在教学活动中，教师遵循教学活动的客观规律，用最少的时间、最少的精力投入，取得尽可能多的教学效果，从而实现特定的教学目标，满足社会和个人的教育价值需求"。高校的有效教学本质是教师在正确教育理论指导下，用科学的教学方法或策略将科学知识创造性地传授给具有一定知识基础和发展潜力的学生，培养他们的能力，激发他们的创造性，使他们成为高级专门人才的过程。有效教学是相对于"负效""无效""低效"教学产生的概念。在通识教育中，教学活动的"无效""低效"情况还比较普遍，因此准确把握通识教育有效教学的内涵与特征，是研究提高通识教育质量路径与方法的逻辑起点。

有效教学的"有效性"可以从教学目标、教学行为、学生发展等不同角度进行界定，仅从单一的角度来界定有效教学，不够全面客观，也不够科学合理。因此，有学者提出"有效果、有效用、有效率是有效教学的三大核心内容"。据此，通识课程有效教学是指教师在先进的教学理念下，通过教与学的互动过程，使学生在智能、情感和社会化方面获得进步与发展，其内涵可以从通识课程的教学效果、教学效用、教学效率等视角进行理解。

通识课程教学效果的观测依据是学生的学业成绩、智能变化和学习态度，教学有效性不仅体现在学生学业成绩的取得以及教学过程中知识与能力的提升，而且体现在学生在态度、情感和品质方面存在的向上的积极变化。通识课程教学效用是指教学过程中学生学到的内容对于自身成长的意义，学习的成果既能提升学生的能力素质，还能培养学生健康的心理和健全的人格。通识课程教学效率是指以较少教学投入产生最大的教学成果，体现在课程教学方法与过程的科学、简洁、省时，在既定的课程学时安排与教学资源投入的前提下，最大限度地实现通识教育的价值。

通识课程有效教学有其基本特征：一是课程学习的自主性，在教学中不允许以教师的活动代替学生的活动，真正把课堂自主学习的权利还给学生，给学生思考的机会，把本属于学生的读、写、思、研还给学生，从而把学生的自主学习和教师的指导帮助在教学过程中有机和谐地统一起来，提高通识教学的有效性。二是课程内容的跨学科交叉性，通识课不仅仅是对交叉门类知识的普及与传播，更是在学生掌握交叉学科知识积累的基础上，助力学生的未来创新性发展，交叉内隐知识能否外化为实践是检验通识课程教学成效的关键。可见，通识课教学改革要注重提高学生个体的积极性和能动性，要关注个体能否创造性地应用综合知识于实践，因此，提高课堂教学的有效性理应成为通识课课堂教学改革的重点方向。

二、通识教育课程教学中出现的问题

（一）对通识课程教学的认识程度不够

我国内地高校对通识课程还未达到应有的认识度，虽然已经逐步开展通识课程，但对其重视程度较低，无法达到开设课程的教育目的。受到以往教育模式的限制，部分高校对通识课程依然持以可有可无的态度，对通识课程的内容认识不够，无法正确掌握其教学目标，在实施过程中对学生多采取放任态度。传统的教育模式让许多高校管理层的认知始终停留在原始的教育模式，这种观念导致部分高校对通识课程虽然开设科目多，但是对其重视程度低，尽量将其进行压缩简单化，从而导致通识课程有形无质，无法起到应有的作用。

（二）通识课程教学机构与体制不健全

无论何种教学课程都需要具备一定的教学设施、管理体制与组织机构，才能保证教学的正常进行。通识课程虽然已经逐渐步入正轨，但对于部分高校来说，通识课程的机构与体制等方面尚未健全，并未达到规范化与科学化的标准。教学设施方面的主要问题是硬件设施与资金投入，一些高校根本没有建立真正的通识课程教研室，教学资料匮乏，硬件设施也较为滞后，无法给学生提供足够的教学条件。资金投入不足在很大程度上阻碍了通识教育的发展。没有专项经费的支持，通识教育无法置办所需教材，各种活动也无法顺利开展，致使通识课程发展严重滞后。由于通识课程被予以各种轻忽态度，其教学管理方面也甚为松散，评价体系不科学、课程设置不合理、教学氛围不严谨。

（三）通识课程建设问题

我国部分高校在通识课程的安排方面存在诸多问题，如内容、课时、监管等。通识课程内容的选择没有经过精心策划组织，多是注重对宏观课程的建设，构造一个大体框架，内容却不饱满，无法满足学生所需。高校的教学重心多是放在专业课程上，课时安排均以专业课为主，通识课程往往一星期一次或两星期一次，远远达不到课程学习的时间要求，也就无法完成通识课程最终的教学目标。对通识课程的监管工作，多数高校并未像对待正常课程一样持以认真、严谨的态度，主要原因是通识课程多安排在周末或非正常教学时段，加大了高校对通识课程的监管难度，一些高校在这方面形同虚设。此外，高校对通识课程的重视程度不够，并未建立专门的评价系统，通识课程在进行评价时只是作为附属与其他课程一同进行评价，效果非常不明显。

（四）通识课程师资力量薄弱

通识课程在我国高校中的发展尚未成熟，在师资方面也没有达到标准。多数高校在选择通识课程教师时都具有一种随意性，没有真正挑选能够胜任的教师。通识课程与专业课程相比，大部分人会产生一种错误的认识，即专业课程要比通识课程更难、要求更高，事实上这种想法是不正确的。通识课程虽然在专业知识上没有专业课精深，但通识课程的要求却比专业课更高，它不仅要求教师有教授通识课程专业方面的知识，还要具备广泛的知识面，懂得使用多种方式来分析并解决问题，思维要敏锐、活跃。从目前高校的整体情况看来，真正符合通识课程要求的教师只有少数，一是多数教师的水平确实没有达到要求，因为传统的教育都是重视专业教学，教师在学习中对其他方面的知识并不精通；二是达到要求的教师并不愿意教授通识课程，认为通识课程属于业余范围，教学效果不好，工作也无法获得真正的肯定。为了解决师资力量的问题，一些高校开设了名师专项通识课程，但这样的情况并不多见，难以缓解高校目前所遇到的师资问题。

（五）通识课程的教学模式和方法落后

通过对美国等发达国家在通识课程方面采取的教学形式与方法进行研究后可以发现，这些在这方面均采用助教制与小班教学，对学生的学习要求十分严格。我国大部分高校仍然处于传统的教学模式中，即以教师为中心的教学模式，学生在这个模式中处于一种从属地位，单方面接受教师灌输的知识，鲜少出现学生自主探讨的现象。通识课程与死记硬背的知识是具有很大差别的，针对的学生一般是全校性的，所以要想真正将通识课程的教学效果激发出来，必须要明确其与专业课的不同之处，采取多样化的教学方式提高学生学习的积极性。

（六）学生对通识课程错误的认识

不仅教师对通识课程有认识的误区，学生也存在此种情况。传统的教育模式与课程设置都以文理为主，尤其是高校在专业知识方面的针对性更强，也就导致了对其他方面知识的忽略。学生受到学校与教师对待通识课程态度的影响，认为通识课程仅仅是一门辅助课，纯粹是为了完成全面教学。学生在选择通识课程时，一类是为了兴趣，认为自己喜欢什么就选什么；另一类是为了轻松，事先探查哪一门课程的教师要求低、哪一门容易过，最后再进行选择。真正重视通识课程的仅有少数对学习非常认真的学生，大部分学生对通识课程并无敬畏之心，看小说、聊手机、讲小话的情况层出不穷，觉得与自己专业课无关的其他课程无论学与不学都不会有影响。

三、通识课程问题的解决对策

我国高校在通识教育的发展中已经取得了较大的成绩，但在传统教育模式的阻碍下，依然有诸多问题难以解决，教师、学生与学校的因素是目前最大的瓶颈，为打破通识课程目前所遇到的僵局，可采取以下几种对策：

（一）加大对通识课程教学的资金支持与管理监督

无论何种事物，要继续发展下去就需要有一定的投入，通识课程也是一样。高校要继续开展通识课程，就必须保证资源的投入，有了资金与人力的支持，通识课程才能持续发展下去。对通识课程予以专项拨款的措施对通识课程的发展是非常有利的，其一是调动了教师对通识课程的积极性，其二是有了资金保障，可为教学提供更完善的设施。除此之外，高校还应加强对通识课程的管理与监督，在对教师的教学进行监管时，学生方面也要注意合理地安排作业，重视课堂纪律，改变学生对通识课程的敷衍态度，力图纠正学生的心态，使通识课程逐渐占据一个重要位置，得到教师与学生的重视。

（二）加强通识课程师资力量建设

教育的实施离不开教师，教师的实力是否雄厚直接关系到学生吸收知识的广泛程度。通识课程之所以发展缓慢，其中一个关键因素就是师资力量薄弱，要打造一支强劲有力的教师队伍，主要从四个方面出发：一是注重教师的资格筛选，即选择合适的教师教授通识课程。与专业课程的选择标准不同，通识课程的教师要求倾向于具有丰富的学识与经验，学术素养较深、视野开阔、思维灵活，要真正热爱开设的通识课程。二是完善通识课程教师培训制度，即高校要提高对通识课程的重视程度，建立并完善通识课程教师的培训制度，采取有效措施加强教师的教学能力，从而提升教学质量。三是建设强劲的通识课程教师队伍，培养更多的教师加入通识课程教学中，鼓励年轻教师积极向名师名家汲取经验，借鉴校外、国外成功的教学经验，从根本上提高通识课程教师的教学水平。四是加强经验交流，积极参加通识教育的研讨会，要随着时代的进步提升对通识课程的教学意识与技巧，坚持不断学习、丰富自身的知识。

（三）完善通识课程教学评价机制

教育活动的最终教学效果需要一个有效的评价机制做出最后的测评，以便对教育活动的成果进行鉴定，提供新的教学导向。通识课程教学的评价机制与传统的专业课程存在很大的不同，所以要建立新的评价机制，为学生在通识课程中的学习成果进行专业测评。建立完善通识课程教学评价机制，必须注意三点：首先，要保持评价过程的灵活性。学生在通识课程的学习中会有一定程度的提高，在对学生的学习成绩进行评价时应考虑到学生的提高程度，注意学生的变化。其次，保证评价系统的全面性。通识课程教育的评价系统不单单是要对学生在某一领域的学习进行测评，还要对学生在其他知识领域的成绩进行测评，鼓励学生全面发展。最后，实施多样化评价。传统的评价模式多是以学生最终的笔试成绩作为测评结果，容易误导学生只重视书面知识而忽略实践，多样化评价手段可以从学生的考试、论文、课堂行为、作业等方面进行综合测评，引导学生向多方面发展。

随着社会的不断发展，越来越多的国家对高校教育开始倾向于文理综合化，特别是欧美发达国家已经对通识教育进行了实施与探究。通识教育在我国仍处于发展中状态，与美国等发达国家相比依然存在许多不足之处。高校要改变通识课程的地位，不仅要从高校本身出发，教师与学生也要转变态度，摆脱传统的教学模式的限制，从新的角度看待通识课程对教育的推动作用，鼓励学生全面发展。

第四节　高校通识教育选修课教学

一、高校的通识教育和通识教育课程

通识教育是一种强调"做人"的教育（专业教育强调"做事"），"是育人，非制器"，着眼于人的全面发展，培养人格健全的社会公民。通识教育强调拓展学生的视野和创发性心智，培养学生的独立思考能力和综合能力，强调学生的全面发展。

在我国，通识教育通常以"促进学生全面发展的教育""素质教育"和"文化素质教育"等方式出现，是针对大学过分专业化而提出的，是对过于狭窄的专业教育理念和模式的反思；目的是使学生通过融会贯通的学习方式，综合、全面地了解人类知识的状况，拓展知识视野，认识不同学科的理念和价值；提升对人类共同关心问题的触觉；建立判断力及价值观；理解不同学科之间的关联和融会发展的可能，发掘终身学习的潜力。

我国大学以不同方式推动大学本科通识教育的历史不长，如果从 1995 年国家教委在华中科技大学召开"文化素质教育试点工作会"算起，不过二十余年时间。近年来，通识教育逐步受到重视，高校纷纷设置通识选修课，有的高校提出了明确的课程目标。例如，北京大学的通识教育课程目标是"引导学生从本科教育的最基本领域中获得广泛的知识，让学生了解不同学术领域的研究方法及主要思路，从而为能力和经验各异的大学生，提供日后长远学习和发展所必需的方法和眼界"。武汉大学的通识教育课程目标是"向学生展示不同学科领域的各门知识及在这些领域内的探索形式，引导学生获得多种不同的分析方法，并了解这些方法是如何运用，以及它们的价值所在，其强调的是能力、方法和性情的培养"。

课程是连接师生的纽带，是达成教育教学目标的途径和载体，是高等院校教育理念的具体体现。为了达到上述通识教育目标，通识课程应该涉及哪些方面的内容呢？

在我国，什么样的课程才是通识教育课程？有学者认为，外国语、计算机科学、思想政治理论课、数学、文学、艺术、自然科学，以及哲学、伦理学、历史学、自我认识、心理咨询、写作、社会分析等都为通识教育课程。李曼丽在对北京大学、清华大学、中国人民大学和北京师范大学的通识教育现状调查后，把通识教育课程分为两部分：一部分为全校性必修课，包括政治理论课程、外语课程、计算机课程、体育和军事课程等；另一部分为文化素质教育选修课，划分为 7 个领域，即数学、自然科学、社会科学、人文科学、计算机、语言、艺术技能。

本节探讨的是各高校为本科生开设的、可以让学生自由选择的通识教育课程，即"通识选修课"，不包括思想政治教育、外语等全校性通识必修课。

二、通识教育选修课程教学中的问题

由于我国实施通识教育的历史较短，高校及教师对其内涵、教学目标和意义的理解较为肤浅，开设课程及实施情况随意性强，没有达到应有的教学效果，存在很多方面的问题。诸如高校通识选修课程设置普遍缺乏整体观和全局观，课程设置支离破碎；授课教师一般重视知识的传授而忽视思维方法的训练，重视单方面的讲授而忽视与学生的互动；学生普遍将其视为专业课以外的辅助课，有一部分学生的选课目的只是挣学分等等。笔者通过大量的文献分析和实践调查归纳出我国高校为本科生开设的通识选修课普遍存在以下问题：

（一）课程设置的随意性、课程组合的散乱化

目前，各高校基本是采用教师自由申报课程，教务处组织专家评审，通

过之后进入课程库。这就难免存在"因教师设课",或为了迎合学生而"因学生设课"的现象。由于事先缺乏对需开设的各类课程的统筹规划和申报引导,由此形成的课程群内容结构不合理的现象。课程设置的随意性、课程组合的拼盘化是一个普遍存在的突出问题。

(二)课程内容的知识化、浅显化

不少教师认为,通识教育选修课就是理科学生学点文科知识、文科学生学点理科知识,主要是灌输一些浅显的知识,把通识选修课开设成"概论型""鉴赏型"和兴趣类课程;原理、概论、通史之类的课程太多,东西方原著经典导读的课程太少,研究方法指导、能力培养和综合素质训练的课程极少。

(三)教学方法的单向性、灌输式

目前,通识选修课一般课时不多,基本上是知识灌输,学生被动听讲,课程上完之后,能够记住零散的一些知识已属不错,基本没有其他更深的感悟和收获,谈不上达成通识教育的教育目标。教学方法的单调、枯燥、灌输式等造成的教学效果差的问题是高校通识选修课程教学方法存在的普遍性问题。

(四)成绩评定的单一性和简单化

我国现行的通识选修课程考核以知识考试方式为主,侧重于对学生知识面或知识记忆能力的测评,基本上还是沿用期末测试题等以知识记忆为主的考核,计分方式为百分制。事实证明,这种单一的考核方式不利于提升学生的综合素质,影响了通识教育目标的实现。

(五)师资力量较为薄弱

不少高校的管理者、教师对通识教育的理念认识不足,在思想上重视不够,因此往往不把主要力量、主要精力放在通识教育课程方面。一些高学历、高职称的骨干教师往往因为专业主干课和科研任务繁重而无法再开选修课。从现实来看，部分承担通识课程的教师往往凭兴趣开课，其知识水平、敬业精神和人格修养等都有待提高。

三、加强和改进高校通识教育选修课教学的对策

（一）优选课程内容

通识课程的目标是培养知识体系完整、视野广阔、人格健全的社会公民，要达此目的，绝不是通过设置数量庞大的课程、采用知识灌输的方式就可以实现的。那样做，除了加重负担、造成疲劳、生发倦怠之外并无多大益处。只有在统筹规划的前提下，精选课程及其内容、采用适当的教学方法才能让学生在有限的课时内获得最大的收益。那么，什么样的课程知识内容是值得选取的呢？

在强调知识的广博、贯通、前沿性的同时，应该选取各学科最重要的核心内容。例如，中外名著、经典原文是最值得选取的教材内容。赫钦斯认为，名著包含了人类最高的智慧和理性，包含着绝对真理；学习名著比学习一般教材更能对一个人的智力提出挑战，它可以促进学生智慧的发展。阅读名著是一种很好的理智训练，是实现教育目的的最好途径。许多美国高等院校发现用原著教学比利用二手资源组成的教材更能达到核心课程的教学目标。经典研读的课程应注意避免价值和知识的简单灌输，宜较多地采用研讨课的形式，让学生在课前阅读经典文本，在课堂上交流读后感，尽量产生"头脑风暴"的效果，这样有助于培养他们的批判性思维和创新精神。

还需指出的是，任何课程和知识内容材料都仅仅是载体，教师应认识到"重视学生掌握获取知识的方式而非知识本身"。最重要的是怎么通过这些课程和知识的学习，让学生在原有基础上尽量全方位地提升知识文化水平、思维品质、动手能力和道德觉悟等。这一目标肯定不能单单依靠课堂上理

论讲述就能达成，只有让学生在近乎真实的情景里，直接参与体验、动手做，才能有所感悟，才能有实际效果。

（二）改进教学方法

通识选修课的教学不应以知识教学为目的，而应以着重培养学生的人文精神、正确价值观、健康的生活态度、良好生活习惯为目的；所以，必须摒弃纯理论知识的讲授教学，采用适合所学内容的教学方法，引导学生在实践中学习，通过行动探究和感悟知识。如尽可能采用翻转课堂（先学后教）、小组讨论、创设情境等方法，让学生置身于知识的主动探求之中，通过自己的实践，融入自己的信念、情感、体验、希望等各种因素，在深刻体验和感悟后获得的就不只是零散的知识，而是领悟、超越知识本身的东西，如人生意义、价值观等，进而使学生形成自己的见解和主张，有助于他们形成今后使学生受益终身的智慧力量。

（三）改革完善考核方式

课程考核是教学工作的重要环节，是评价教学效果和实现教育目标的重要手段。应该把通识选修课程的考核目的定位在引导学生提高包括创新能力在内的综合能力和整体素质上。

第一，改革通识选修课程的考核内容。从强调对学生识记书本知识的考核，转移到对学生运用所学理论分析问题、解决问题能力和综合素质的考核。具体而言，将考核范围从书本延伸到社会生活热门话题、理论热点和难点、前沿问题等，减少对书本知识的考核；还可以通过采取小组讨论、辩论、调研报告等形式，加强对学生的口语能力和写作能力等基本技能的考核。

第二，改进考核方式。将学生平时的作业、课程论文、参与课堂讨论和社会实践活动等形式都纳入考核中，实行多样化的考核，达到增强学生学习兴趣、提高综合素质测查信度和效度的目的。此外，加强督教督学，严格考试制度，以严格且科学的考核检验教师的教学效果，督促学生勤奋学习，促进学生在知识结构上求"通"、求"博"。

（四）处理好与专业课程的关系，重视师资队伍建设

通识教育选修课程与专业课程有着各自的目标和任务，但二者并不是割裂和相互排斥的关系，而是相互联系和促进的关系。专业课程可以融入通识教育的元素，通识教育也可以包含深刻的专业思想。

实施通识教育最关键的因素是教师的理念和认识。目前，我国高校承担通识课教学的教师同时也是专业课的教师，并且在通识选修课学分不能大幅增加的情况下，通识教育不能仅仅靠几节通识选修课就能达到理想的目标，需要全体教师具备强烈的通识教育意识，把通识教育理念贯穿专业教育课程之中，这对教师的要求是相当高的。如果一位教师能着眼于知识、技能深度和广度的开掘，能够把知识性和思想性相互贯通，那么即使他教的是化学，也能够高屋建瓴，使学生从中感悟到贯穿整个自然科学领域的普遍的规律；甚至于教理科的教师可以让学生领悟到文科课程也通用的思想和方法。

怎样才能做到让通识教育由最适合的具备较高素质水平的教师承担教学？一是通过加强对现有教师的培训以及引进高素质教师来提高教师队伍的教学水平；二是分工合作，资源共享。例如，重庆大学城由不同类型高校承担系列选修课程，如人文社会科学课程由师范院校、文科类院校承担，科学技术与工程课程由理工类院校承担，大学城各高校学生都能共享高端、优质的教师资源。

此外，为了提高通识选修课的授课质量，有的高校（如重庆师范大学）还推行了"百名教授开设通识选修课计划"，要求全校具有教授、副教授职称的教师每学年必须为学生开设一门选修课；有的高校（如大理大学）规定，优秀教师评选入门条件之一是必须参与讲授通识选修课；为了提高教师的积极性，有的高校采取提高课时报酬的方法，如规定通识教育课不低于甚

至高于专业课的报酬。以上办法和措施都收到了良好的效果。

（五）加强通识教育选修课程的建设和管理

通识教育的实施需要合理的通识教育课程来实现。通识教育课程的设置并非以全面为目标，而是强调课程的综合性与整体性，通过杂糅人文科学、自然科学与思维科学等多领域的知识，创造一种全景式框架，使学生接触到不同性质的知识、多种多样的研究范式，从而养成从不同知识层面和维度分析和解决问题的能力。要实现通识教育的目标，不仅要求课程科目要覆盖宽广的领域，而且要求课程内容涵盖各学科最基本、最重要的知识，设置基础性、广博性、综合性强的课程。

通识选修课程的建设和管理，要以学生需求为导向，以挖掘现有教师资源潜力和优势为基本手段，注重整体性、系统性引导和设计，对包括课程模块、类别、内容、学时、开展形式等在内的课程体系进行系统、科学的研究和论证，建立课程调研机制，做好课程供求分析，组建课程开发团队，精心设计课程建设方案，规范课程开设程序，彰显学校特色和区域文化特色；要加强通识教育精品课程建设，打造一批有特色、高水平的通识教育课程；要建立通识课程多元化信息反馈系统，不仅全程追踪学生本科 4 年的通识课程学习，而且应建立期中反馈式评价、期末总结式评价等多元化信息反馈系统。

其实，通识教育课程是一个相对的概念。例如，麻省理工学院文科类的自然科学通识课程（数学、物理、化学、生物等）在其他高校里可能就是本科的专业课程。所以，试图统一各个类型和层次的高校的通识教育选修课程是不科学的。各校学生的需求和水平不一、办学特色有别、师资力量差异也较大，俗话说"没有最好，只有最适合"，这个道理可以用在各个高校通识教育选修课程的设置和建设上，构建适合本校学生和富有本校特色的通识教育选修课就是较为合理的选择。

第五节 高校通识教育教学改革

我国的高等教育曾长期以专业教育为主导，但是随着通识教育理念的传播以及相关教育成果的取得，我国高校从开设"通识教育课程"起步，已逐步尝试推进通识教育。然而，从整体上看，我国高校现阶段开展的通识教育在发展理念和实践上还存在一些不足。为此，笔者通过回顾通识教育的发展历程，进一步明晰了通识教育的内涵；并在对我国高校通识教育存在的问题进行分析以及借鉴成功经验的基础上，提出完善通识教育的系统性建议。

通识教育的理念源远流长，可以追溯到古希腊的"自由教育"理念。然而，对于通识教育的内涵，学界众说纷纭，至今没有形成统一的论述。通常，学界普遍认为，现代意义上的"通识教育"至少具有以下特征：第一，是一种面向所有学生的教育；第二，是一种非专业性、非功利性的教育；第三，是弥补专业教育的不足以及获得普遍知识、提高文化素质和教养的教育；第四，是旨在启迪每个学生对自我全面发展的渴望与追求的教育。

从通识教育的发展历程看，古代西方的"自由教育"（liberal education）被认为是"通识教育"的滥觞。亚里士多德把教育划分为"自由人"的教育和"非自由人"的教育。其中，"自由人"的教育是指针对少数衣食无忧的贵族人群开展的反对任何职业和专门技能训练的、以发展人的理性为主要目的的教育。19 世纪中叶，英国神学家约翰·亨利·纽曼（John Henry Newman）发展了"自由教育"的理念。他认为，各学科知识是相互联系与平等的，高校应该传授给学生普遍的知识，只有这样，学生才可以得到全面、均衡的发展。同一时期，美国耶鲁大学发布了有关教学改革的"耶鲁报告"（*A report on the Course of Liberal Education*），以推行非职业的、全面的、均衡的知识教育制度。1945 年，美国哈佛大学发布了"哈佛报告"（*General*

Education in a Free Society)，首次使用"通识教育"（general education）概念，这标志着现代通识教育的诞生。

从通识教育的发展历程可以发现，在从"自由教育"演变到"通识教育"的过程中，教育对象、教育目的和教育内容等都发生了一系列的变化。当今，通识教育的教育对象已面向所有学生，而不再局限于少数人；教育目的强调追求人的全面发展；教育内容更加丰富，虽然仍强调人文教育，但已不再仅仅局限于人文教育，除了不再贬低和排斥专业教育之外，科学教育也越来越受重视。

一、高校通识教育在发展理念和实践方面存在的问题

随着社会舆论对高校所培养专业人才的综合素质、适应能力、创新能力的关注和质疑越来越强烈，通识教育在人才培养过程中的重要性已越来越得到各方面的认可；再加上我国高校越来越重视对国外著名高校成功教育模式的研究与借鉴，所以通识教育在高校的开展也开始走向深入和完善。

然而，从总体上看，虽然目前我国所有高校基本上都设置了通识教育课程，但是由于我国在经济社会快速发展中急需大量专业人才，所以长期以来专业教育一直是我国高等教育的核心；同时，由于缺乏整体规划，实践经验不足，所以我国高校开展的通识教育在发展理念和实践方面仍存在诸多不足。

（一）课程设置方面的问题

我国高校的通识教育课程一般包括公共必修课程和文化素质教育选修课程，其中选修课又分为限制性选修课和高校公共选修课。高校公共必修课的主要教学目标是培养学生的政治素养和身体素质。目前，大多数高校的公共必修课程通常要占全部通识教育课程的 70% 左右，而培养学生科学修养、批判能力、创新能力的选修课程所占的比例明显较低。

同时，高校开设的各科类公共选修课程的构成比例并不均衡。虽然这些课程的总量达到了232门，但是课程的设置并没有很好地兼顾学科间的联系，导致学生获得的知识仍是零碎散乱的，而且培养学生科技意识和国际化视野的课程所占比例仍显不足。

此外，我国多数高校由于对通识教育与一般教育、专业教育间的关系缺乏深入的理解，所以只是简单地采取在本科低年级实行通识教育、在高年级实行专业教育的做法；同时，在通识教育课程设置的目标、功能和比例等方面缺乏深入的研究和系统的论证，没有建立负责总体设计且具有充分代表性和权威性的课程建设专门委员会，缺乏自觉的本土化指导纲领；此外，因人开课的现象仍非常严重。

（二）课程教学内容方面的问题

由于我国高等教育长期以来都是以专业教育为重心，所以高校开展的通识教育远不足以动摇专业教育的主导地位，体现在通识教育的课程教学内容上就是应用型与专业化倾向明显。根据通识教育培养目标的要求，通识教育的课程教学内容与专业课程应有明显的区别，通识教育课程应更加强调理论基础知识等普遍性知识。然而，目前我国大多数高校开设的通识教育课程，尤其是自然科学类课程，其教学往往由专业课教师兼任，这使通识教育课程的教学内容容易不自觉地偏向专业化。例如，笔者在承担本科生通识教育课程"生物技术导论"教学时，曾邀请承担相应专业课程教学的优秀教师讲授其中的技术章节，但是并没有达到预期的教学效果，反而导致学生更深入地了解专业知识的积极性不升反降。因此，笔者认为由于通识教育课程的教学目标是让学生获得全面的普遍性知识，所以其教学内容应尽量避免纳入过多的应用型与专业化的内容。

（三）课程教学方式方面的问题

现阶段我国高校的通识教育课程教学仍以传统的以教师为中心的课程教学方式为主，即便部分高校积极开展了一些教学模式的改革，如尝试开展"慕课""微课"等教学，但是基本上都还停留在形式上的"点到为止"，教学方式改革的实效和反响并不理想。在通识教育课程教学实践中，教师的角色任务依然限定于将已有知识单向地灌输给学生，而学生的角色任务就是被动接受，学生与教师的互动很少，难以对某一问题进行真正的交流与探讨。这种形式主义的单向、强化灌输不仅不符合通识教育课程教学的价值要求，而且缺乏对学生学习能力和批判性思维方式的培养和训练。

例如，笔者在讲授本科生通识教育课程"生物技术导论"时发现，如果采用传统的授课方式，由于低年级学生缺乏系统的基础知识，所以每节课涉及的知识都可能对其产生困扰，学生很难也没有积极性将几周内学习的课程内容有效地组织成系统知识并加以理解，严重影响了学生的学习兴趣。针对上述情况，笔者曾尝试采用研讨式和讲座式教学方式予以解决。但是，通过实践笔者发现，即便引入课堂讨论，学生也很难在通识教育课程教学中深入问题的本质进行讨论，而且研讨式教学方式占用了大量本就有限的课时。而在讲座式教学方式的实践中，由于笔者对课程内容进行了重新组织，将每一堂课设定为独立的讲座，然后将相关知识进行系统整理并与热点案例进行结合，所以学生的学习兴趣明显提高，学生对某一特定议题进行主动讨论的积极性得到激发。

因此，笔者认为，通识教育课程教学并不存在最优的通用教学方式，任课教师应充分考虑不同课程教学目标之下教学内容的不同以及学生知识背景的不同，积极尝试富有针对性的教学方式。

（四）课程论文方面的问题

要求学生完成课程论文是现阶段高校通识教育课程较常用的考核方式。

但是，通识教育课程的课程论文考核方式存在以下两个问题：一是有些授课教师在通识教育课程考核中仍以专业课的标准来要求学生，课程论文的命题和规范以专业课的视角来制定，导致对专业知识尚不了解的低年级学生无所适从。这不仅直接影响通识教育课程的授课效果以及学生的学业成绩，而且容易使学生产生消极情绪。二是有些通识教育课程的课程论文命题并没有结合课程本身的特点，仅仅是为了考核而设立。这不仅对培养学生的创造力和解决问题的能力没有助益，而且导致学生的课程论文只是敷衍应付、泛泛而谈。

针对上述问题，笔者在布置本科生通识教育课程"生物技术导论"的课程论文时，将要求学生完成文献综述更改为完成开放式课程报告，同时要求学生从生物技术角度评述自己感兴趣的生命科学领域最近取得的重大研究进展，并对今后相关研究中生物技术的发展进行预测，尤其是鼓励学生在预测中可以在现有技术的基础上"创造"新的技术。这不仅激发了学生的学习兴趣，而且有利于促进课程教学效果的提高。

因此，笔者认为，通识教育课程的课程论文命题和完成要求不应仅仅是为了考核学生对知识的掌握程度，还应与学生对普遍性知识的创造性运用相契合。

（五）教学质量评价方面的问题

教学质量评价一直是教育改革的关注重点，直接影响着教育质量以及教师在教学中的积极性。目前，我国尚未形成科学、系统的通识教育教学质量评价体系，大多数高校都没有专门的通识教育教学质量评价标准，而只是沿用一般的本科教学评价标准，所以通识教育教学质量评价的目标不够清晰，评价内容不够全面，评价标准也没有体现通识教育的特色。同时，现行的教学质量评价方法单一，师生不仅没有有效途径参与到评价工作中，也缺乏参与的积极性。而且，受专业教育主导的影响，高校的管理部门对通识教育教学质量评价工作的重视不够，教师在通识教育课程教学改革中取得的成果难以得到充分的认可。这些都导致教师开展通识教育改革的积极性不高。

二、完善我国高校通识教育的系统性建议

基于上述分析，笔者认为，我国高校开展的通识教育在整体上仍处于借鉴与探索阶段，还未形成与我国高等教育改革方向和通识教育目标相一致的通识教育模式。因此，推动高校通识教育的发展还需要系统的、持续性的改革实践。

（一）明确通识教育的目标

关于通识教育的目标，目前国内外学界众说纷纭。例如，《哈佛通识教育红皮书》提出，通识教育教学的目标在于努力将学生培养成完整的人。而我国有学者提出，通识教育的目标应该是培养学生理性的批判精神、良好的道德修养、高度的社会责任感、文化认同感、宽广的理论视野、良好的社会适应能力以及无私的奉献精神。但总的来说，都没有形成明确的、凝聚共识的、本地化的通识教育教学目标。

笔者认为，总体而言，通识教育的目标应始终以人的发展为本，应淡化功利色彩而转为重视能力培养；同时，我国通识教育还需明确以培养具有中国主流价值观，以及自我发展能力和适应能力的人格健全的人为教学目标。

（二）优化通识教育的课程体系

我国高校开设的通识教育课程中有 70% 是必修课程，但这并不是影响通识教育实效的主要原因，问题的实质是这些必修课程不能为本科生提供有足够覆盖面的普遍知识。2013 年，美国斯坦福大学启动了新一轮的通识教育改革，规定本科生必修的通识教育课程必须包括思维与行为方法课程、有效思考课程、写作与修辞课程、语言课程四类，而除了此前规定必修的

人文导论、学科广度、公民教育类课程。

借鉴国内外通识教育改革的成功经验,笔者认为,我国通识教育课程体系的优化,首先应该从必修课程开始,科学调整各功能课程的比例,适当增加思维训练、获得知识的方法论等方面的课程;其次,在开设选修课程时,不能只追求数量,而应以总体规划为指导,均衡不同学科的课程,增加跨学科课程,以加强不同学科知识间的联系。

(三)完善通识教育课程的教学模式

具体而言,通识教育课程教学模式的完善应从以下三个方面展开:

1. 课程教学内容

针对我国通识教育课程教学内容存在的应用型与专业化倾向,在通识教育课程改革中,课程教学应从强调某些专业知识的传授转向侧重于对学生思维的训练,而核心课程应更关注于引导学生掌握获得某领域知识的主要方法论。同时,随着科学技术的迅猛发展以及各类信息的日新月异,通识教育课程教学内容应与时俱进,根据不同功能课程的特点,适当增加一些学科领域最新的研究成果、观点等内容,使课程教学内容能够与学科前沿以及国际先进水平接轨。例如,笔者在讲授本科生通识教育课程“生物技术导论”时,会在每堂课的前10分钟介绍最近一周世界范围内在生物技术方面所获得的重大突破。这对提高学生课程学习的兴趣很有帮助。

2. 课程教学方法

以知识灌输为主的传统课程教学方法在通识教育中广受诟病,教学方法的改革迫在眉睫。鉴于通识教育的理念和特点,通识教育课程教学不应拘泥于任何一种特定的教学方式,而应根据不同课程各自的特点尝试采取多样化的、富有针对性的教学方法。因此,通识教育课程教学方法的改革应积极丰富多媒体教学手段,要注重理论知识与生活实践的紧密联系,并综合运用讲座式教学方式、课堂讲授与观摩相结合教学方式等多种教学方式。

同时，教师在课程教学中应改变提问者、监督者的角色定位，通过积极引导学生主动思考、培养学生批判性思维、激发学生独立解决问题的能力等，使自身的主导作用得以充分发挥。

3. 课程作业的布置

通识教育课程的课程作业应与专业课程的课程作业有所区别，同时课程作业的布置不应单纯以考核为目的，还应以提高学生的综合能力和提高教学效果为目标。因此，首先，通识教育课程的课程作业命题可以更加灵活，甚至可以采用开放式命题；其次，课程作业可以适当减少学生的作业量，同时加强对学生思维能力和创造能力的训练；最后，课程作业的形式可以更加丰富，如采取学生小组互动合作、专题调研、主题讨论等形式，以调动学生参与课程教学、认真完成作业的积极性。

（四）构建科学合理的通识教育教学质量评价体系和机制

科学合理的通识教育教学质量评价体系必须具备系统性和可操作性两个要素。所谓系统性，就是要求通识教育教学质量评价体系和机制要对课程教学目标、教学内容、教学方法、教学效果等进行全方位的评价，而且评价对象要同时包括教师和学生。所谓可操作性，就是要明确通识教育教学质量评价指标以及可执行的评价方法。因此，针对我国高校通识教育评价方法单一、教师无法参与评价的现状，积极实践多样化的评价方法十分必要，如尝试采用心理量表测验法、问卷调查法、档案袋评价法等评价方法；同时，还应建立能够激励教师从事通识教育教学的机制，以进一步完善通识教育教学评价体系。

总之，与专业教育相比，通识教育的"通识性"更注重如何培养一个健全的人。通识教育课程不仅要拓宽各专业学生在非本专业领域的知识面，加深他们对社会大系统的理解，而且要加强学生综合素养和创新能力的培养。概言之，通识教育应更注重对学生能力的培养，即培养学生进行自主研究型学习的意识和获取知识的能力，训练学生的战略性思维，使其能够以更广阔的视野思考问题以及积极关注社会生活，并从多个视角寻求解决问题的方案。基于此来反观我国高校开展的通识教育，必须意识到目前通识教育在发展理念和实践上尚存在一些不足，推动通识教育的改革和发展任重而道远，需要进行系统性和持续性的改革实践。

第六节 高校通识教育教学与管理

一、提高认识，以学科建设的高度来对待通识课

高校通识教育的实施要达到预期的效果，仅靠教学管理部门的重视是远远不够的，必须由全校师生共同来关注。高校及教师在认识上应转变传统的重专业课、轻通识课的观念，通识课不是可有可无的"辅课"，它承担着宽口径、厚基础，培养学生全面发展的重任。高校应通过各种途径加大对通识课的宣传力度，使学生端正学习态度，积极、认真地学习，杜绝"选而不修"的现象。在组织上，改变以往通识教育由教务处某个科室负责的做法，尽快成立通识教育部或通识教育研究中心专门负责全校通识教育课的规划、建设与审核工作。高校对教师的开课从申报到审核都必须严格把关，务必组织有关专家、学者进行论证，从源头上确保能开出一定数量和质量的通识课程。高校还应加强对学生的选课指导。选课之前，通识教育管理部门可通过开讲座、网络答疑或进行现场咨询的方式引导学生选课。高校还可建立本科生导师制，由导师负责帮助学生建立并管理好自己的课程体系，有针对性地选择自己需要的课程。通过各方面的努力，使通识教育真正形成学校重视、教师关心、学生积极的良好氛围。

二、高水平教师队伍是成功实施通识教育的重要保证

通识教育与专业教育相比，对教师的要求更高。由于教师是教学活动的主体，在教学过程中扮演着重要角色，教师的治学精神、人生态度和人格品行对学生有着持久和深远的影响。从国外高校的经验来看，高校要成功实施通识教育，必须得拥有一支高素质的教师队伍。因此，学校应制定相应的激励机制，为通识课设立专项经费，鼓励优秀教师、骨干教师、教授带头开设有特色的通识课，以增强通识课的师资力量。名师、教授授课，不仅可以全面提升通识课的教学质量，还可以让学生领略到不同学科的名师风采，他们或以自己的研究成果，或以学科的前沿、热点问题进行专题报告去营造良好的学术氛围。

此外，高校可以充分发挥学校退休教师的作用，聘请一些经验丰富的退休老教授继续为学生开课；鼓励校内确有专长的行政人员积极参与通识课的教学，全方位提升通识课程师资队伍的力量。

三、广开课源，构建科学、合理的课程体系

学校在通识教育课程体系的规划和设置上，应以有利于提高学生的综合素养，增强其社会适应力为出发点和归宿。因此，通识教育课程体系不仅仅是课程的简单组合，还应该体现出学科之间的融会贯通，形成意义明确、观点一致的核心知识体系。

四、加强教学管理，完善通识课的质量监控体系

由于通识课一般都安排在晚上或周末上课，其教学监控管理难度较大，但并不能因此而听之任之。为确保教学质量，学校应制定一套较为完整的质量监控体系。教务部门应组织人员加大对通识课进行定期或不定期的检查，

主要检查任课老师是否严格遵守教学纪律、有无提前下课或私自调课的现象；其次检查学生的出勤率，通识课经常被学生错误地认为是"辅课"，学生特别是高年级的学生"选而不修"的情况十分普遍，且通识课一般课时较短。因此，高校要完善课堂点名制度，建立平时考勤与期末成绩相挂钩的机制，强化日常教学的重要性；组织有关专家、教学督导成员对通识课进行随机听课，检查课堂教学效果，发现问题及时反馈给教务部门；建立全方位的教学质量评估体系，组织学生对课程和任课教师满意度进行网上测评，评测还应有教学管理部门、通识课程的专家小组及教学督导等参与；对教学质量差，学生满意度差的课程提出限期整改方案，将不合格的课程淘汰出局，以确保通识课程的整体水平不受影响。

总之，影响高校通识教育发展的因素还有很多，如教材编写、考核方式、制度建设等，高校只有立足本校校情，积极探索，学习国内外成功推行通识教育的高校积累经验、不断实践，才能走出一条适合本校的通识教育改革道路。

参考文献

[1] 马克思，恩格斯.马克思恩格斯选集 [M].中共中央马克思恩格斯列宁斯大林著作编译局，编译.北京：人民出版社，2012.

[2] 霍克海默，阿道尔诺.启蒙辩证法 [M].渠敬东，曹卫东译.上海：上海人民出版社，2006.

[3] 伊格尔顿.历史中的政治、哲学、爱欲 [M].马海良，译.北京：中国社会科学出版社，1999.

[4] 巴特勒.解读后现代主义 [M].朱刚、秦海花，译.北京：外语教学与研究出版社，2010.

[5] 陈嘉映.海德格尔哲学概论 [M].北京：生活·读书·新知三联书店，2005.

[6] 马克·波斯特.第二媒介时代 [M].范静哗，译.南京：南京大学出版社，2000.

[7] 罗伯特·洛根.理解新媒介 [M].何道宽，译.上海：复旦大学出版社，2012.

[8] 保罗·莱文森.新新媒介 [M].何道宽，译.上海：复旦大学出版社，2011.

[9] 保罗·莱文森.软利器：信息革命的自然历史与未来 [M].何道宽，译.上海：复旦大学出版社，2011.

[10] 格雷姆·特纳.普通人与媒介：民众化转向 [M].许静，译.北京：北京大学出版社，2011.

[11] 马歇尔·麦克卢汉. 理解媒介: 论人的延伸 [M]. 何道宽, 译. 南京: 译林出版社, 2011.

[12] 马克·波斯特. 信息方式: 后结构主义与社会语境 [M]. 范静哗, 译. 北京: 商务印书馆, 2000.

[13] 王学俭, 刘强. 新媒体与新媒体时代高校思想政治教育 [M]. 北京: 人民出版社, 2012.

[14] 王虹, 刘智. 新媒体时代高校思想政治教育创新研究 [M]. 北京: 中国社会科学出版社, 2012.

[15] 蔡帼芬. 媒介素养 [M]. 北京: 中国传媒大学出版社, 2005.

[16] 成长春. 网络思想教育新论 [M]. 开封: 河南大学出版社, 2006.

[17] 宫承波. 新媒体概论 [M]. 北京: 中国广播电视出版社, 2009.

[18] 徐志坚. 人文精神的时代内涵与大学生人文素质培养 [J]. 常熟理工学院学报, 2001, 15(6): 18-20.

[19] 曹宜冰, 潘驰群, 余静. 音乐美育与大学生综合素质培养研究 [J]. 课程教育研究: 学法教法研究, 2017(16): 63-64.

[20] 邱燕. 音乐教育在当代大学生综合素质培养中的作用 [J]. 北方音乐, 2019(11): 114-115.

[21] 彭喜保. 提升公民法治意识之路径探析: 以核心价值观为视角 [J]. 知与行, 2017(5).

[22] 王欣瑜. 高等教育中人文精神的缺失和重塑 [J]. 内蒙古财经大学学报, 2018(3).

[23] 石银. 传统文化的人文精神对当代青年德育的启示 [J]. 思想政治教育研究, 2019(1).